INVENTAIRE
G 5354

ATLAS
DES
ÉCOLES PRIMAIRES

CONTENANT
DIX-SEPT CARTES COLORIÉES

AVEC DES NOTIONS DE GÉOGRAPHIE ET UN QUESTIONNAIRE, FORMANT UNE SUITE DE DEVOIRS GRADUÉS;

Par M. Th. BÉNARD
Officier d'académie, chef-adjoint du premier bureau de la division de l'enseignement primaire au Ministère de l'instruction publique.

DÉTAIL DES CARTES

1. Mappemonde.
2. France élémentaire divisée en 89 départements.
3. Europe physique.
4. Europe, divisions politiques.
5. Asie.
6. Afrique. — Algérie.
7. Amérique septentrionale et méridionale.
8. Océanie.
9. France physique. — Chemins de fer.
10. France administrative, agricole, industrielle, commerciale, etc.
11. Europe centrale : Allemagne du Nord et Prusse. — Allemagne du Sud et Autriche. — Belgique et Hollande. — Suisse.
12. Îles Britanniques. — Italie.
13. Russie. — Turquie. — Grèce. — Suède et Norwège. — Danemark. — Espagne. — Portugal.
14. France divisée en 32 gouvernements, avec les départements qui y correspondent.
15. Empire français, 1804-1814.
16. Terre Sainte divisée en 12 tribus. — Asie occidentale renfermant les principaux lieux dont il est parlé dans l'Histoire sainte.
17. Carte pour l'Histoire ecclésiastique.

Paris, — Librairie classique d'EUGÈNE BELIN, — rue de Vaugirard, 52

MAPPEMONDE.

OBSERVATIONS PRÉLIMINAIRES.

Les élèves doivent apprendre et réciter les articles ci-après, relatifs : 1° aux points cardinaux ; 2° aux cartes, cercles et zones ; 3° aux définitions des termes.

Tout le reste se compose de questions formant des devoirs de géographie.

On portera sur la copie chaque question avec la réponse qui doit être faite.

La réponse se trouve en cherchant dans la carte les noms, ou seulement indiqués dans la question, quelquefois même les initiales sont données.

POINTS CARDINAUX (à réciter).

La **Géographie** est la description de la terre.

Pour indiquer la position d'un lieu à la surface de la terre, on fait usage des quatre points cardinaux.

On appelle *est, orient* ou *levant*, le point, le côté où le soleil se lève ; — *ouest, occident* ou *couchant*, celui où il se couche ; — *nord* ou *septentrion*, celui qu'on a devant soi quand l'orient est à droite ; — *midi* ou *sud*, celui qu'on a alors derrière soi.

Il y a aussi quatre points cardinaux intermédiaires : — le *nord-est*, entre le nord et l'est ; — le *sud-est*, entre le sud et l'est ; — le *nord-ouest*, entre le nord et l'ouest ; — le *sud-ouest*, entre le sud et l'ouest.

Dans les cartes, le nord est placé en haut, le sud en bas ; l'est à droite, et l'ouest à gauche, comme si l'on était placé en milieu.

On nomme *oriental*, ce qui est à l'est ; — *occidental*, ce qui est à l'ouest ; — *septentrional* ou *boréal*, ce qui est au nord ; — *méridional* ou *austral*, ce qui est au sud.

CARTES, CERCLES, ZONES (à réciter).

Pour représenter la terre qui est ronde, on figure deux moitiés de globe rapprochées. Cette carte est appelée *mappemonde*, et les deux moitiés *hémisphères*.

L'équateur divise chaque hémisphère en deux parties égales. — Des deux côtés s'étend la *zone torride*, qui reçoit directement les rayons du soleil. Elle est terminée au nord par le *tropique du Cancer*, et au sud par le *tropique du Capricorne*.

Au delà des tropiques sont situées les deux *zones tempérées* : celle du nord jusqu'au *cercle polaire arctique* ; celle du sud jusqu'au *cercle polaire antarctique*.

Au delà des deux cercles polaires sont les deux *zones glaciales*.

Outre ces cercles, on a imaginé les *méridiens*, qui sont dirigés du nord au sud.

Il y a un grand nombre de méridiens. Le plus important est le méridien de Paris, qui se continue dans l'autre hémisphère en passant par les antipodes.

DÉFINITION DES TERMES (à réciter).

Les *continents* sont de vastes espaces de terres non interrompus par les mers. On en compte trois, renfermant les cinq parties du monde.

Les *contrées* sont des divisions plus ou moins étendues des continents, habitées par les divers peuples et formant des *États* : *empires*, *royaumes*, *républiques*.

On appelle *océan* ou *grande mer* les parties principales de la masse d'eau salée qui environne les continents ; — *petites mers*, les divisions particulières de l'océan au voisinage des terres.

On appelle *golfe*, une partie de la mer qui s'avance dans les terres ; — *rade*, *havre*, *baie*, des golfes moins étendus où les vaisseaux peuvent s'abriter.

Le *détroit* ou *canal* est un passage resserré entre deux terres et qui fait communiquer deux mers.

On appelle *île* une terre entourée d'eau de toutes parts ; — *archipel*, un groupe d'îles ; — *presqu'île* ou *péninsule*, une terre entourée d'eau sur la plupart des côtés ; — *isthme*, un espace étroit qui joint la presqu'île à une autre terre.

Un *cap* ou *promontoire* est une pointe de terre qui s'avance dans la mer.

On appelle *montagnes* des masses élevées de roches ou de terres. — *chaînes*, des suites non interrompues de montagnes ; — *colluaux*, des masses moins hautes ; — *volcans*, une montagne qui vomit de la fumée, des roches, des laves ou matières fondues, par une ouverture nommée *cratère*. — On distingue dans les montagnes, le *pied* ou la base, le sommet, qui est le point le plus élevé, et les *versants* ou pentes.

Un *fleuve* est un cours d'eau considérable qui se jette directement dans la mer ; — une *rivière* est un cours d'eau moins considérable qui se jette dans un fleuve ou aussi dans la mer. — On appelle *ruisseau* un cours d'eau plus faible encore ; — *torrent*, des eaux rapides, interrompues et se perdant dans les sables. — *Confluent* désigne l'endroit où une rivière se jette dans un fleuve ; — *affluent*, se dit de tout cours d'eau qui débouche dans un autre. — La *rive droite* et la *rive gauche* se prennent de la droite et de la gauche d'une personne qui suivrait sur un bateau la direction de l'eau. — La *source* est le point où le fleuve, la rivière prennent naissance ; — l'*embouchure* (ou *bouches*) est le point où le fleuve, la rivière, se jettent dans la mer ou dans un autre cours d'eau.

Un *lac* est un amas d'eau vive au milieu des terres.

Un *marais* est un amas d'eau dormante.

Un *désert* est une grande étendue de sables, de terres inhabitées ; — cependant au milieu se trouvent quelquefois des endroits fertiles qu'on appelle *oasis*.

QUESTIONNAIRE.

Quels continents distingue-t-on dans les terres ? — Réponse : L'ancien continent ; — le nouveau C....... — et le C.... Austral ou Sud.

Quelles parties du monde sont comprises dans le premier ? — l'E........ — l'A....... — l'A.... — Dans quelle partie du monde est située cette partie du monde nommée A............... ? — Dans l'Océ......... ou Australie.

Quelle est la grande mer qui baigne l'Amérique à l'est ? — Quelle grande mer est située entre l'ancien continent et le nouveau ? — L'O. G. O. P.

Quelle grande mer est située entre l'Afrique et l'Australie ? — L'O. I. — Quelles sont les deux grandes mers situées dans les deux zones glaciales ? — L'O. G. Arc... — et l'O. G. Ant....

Quelle grande mer est située entre l'Afrique et l'Australie ? La mer comprise aussi parmi les grandes mers. — La mer Méd........... — Quelle mer est située entre l'Europe et l'Afrique ? — Quelle petite mer y a-t-il entre l'Asie et l'Australie ? — La mer de N....

Quelle petite mer trouve-t-on au nord-ouest de l'Europe ? — La mer du N...

Indiquez deux contrées ou États de l'Europe. — La F... et la R...

Indiquez une contrée de l'Asie. — L'Em... C. et la I. R.

On appelle un golfe sur la côte occidentale de l'Afrique. — La golfe de G.

Quel détroit fait communiquer la mer Méditerranée avec l'océan Atlantique ? — Le dét... de G.

Quel détroit trouve-t-on au nord-ouest de l'Amérique ? Quels caps trouve-t-on au sud de l'Afrique et au sud de l'Amérique ?

Indiquez une île dans l'océan Indien.

Indiquez une île au nord-est de l'Amérique. — Le Gro........ Quel groupe d'îles ou archipel trouve-t-on en Europe près de la mer du Nord ? — Les îles B.

Quel détroit finalement trouve-t-on près de la côte orientale de l'Asie ? — Les îles du J.

Quelle partie de l'ancien continent a la forme d'une presqu'île ? — L'A.

Indiquez l'isthme qui unit les deux divisions de l'Amérique.

Nommez une chaîne de montagnes de l'Asie. — L'H..... — dans l'Amérique méridionale. — Les Cord... — au nord. — les An... — au sud. — Nommez un volcan dans l'Amérique septentrionale, et un dans l'Amérique méridionale. — Le mont St-E. — et le Ch... Quel est le plus grand fleuve du globe ? — L'Am... dans l'Amérique méridionale.

Indiquez une rivière qu'il reçoit. — Le R. N., affluent ; — Le M..., qui reçoit le M...r... Indiquez un fleuve de l'Amérique septentrionale et son embouchure. — Le M........... ou M........ (ou *bouches*) est.

Indiquez deux grands fleuves d'Afrique.

Nommez un lac de l'Afrique et un lac de l'Asie.

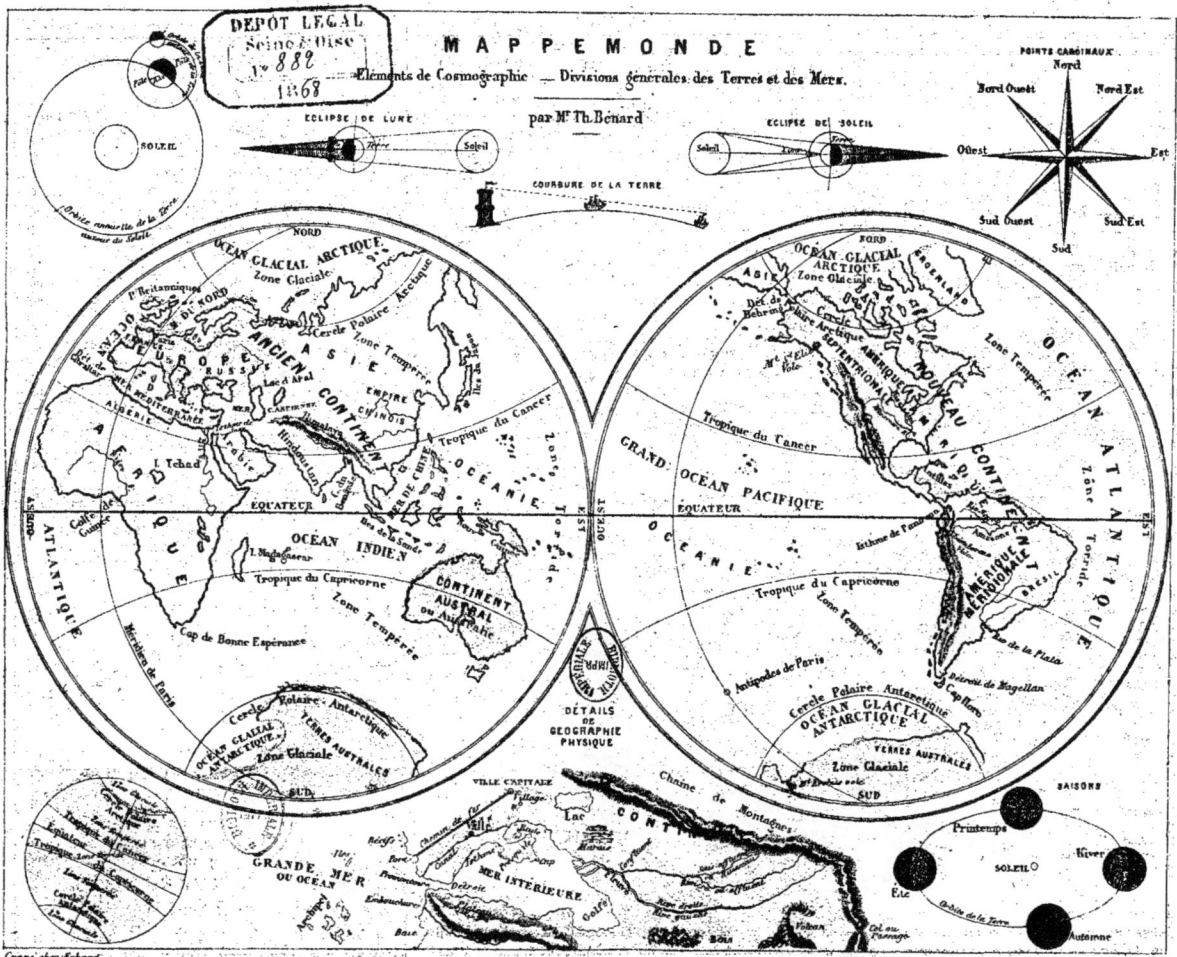

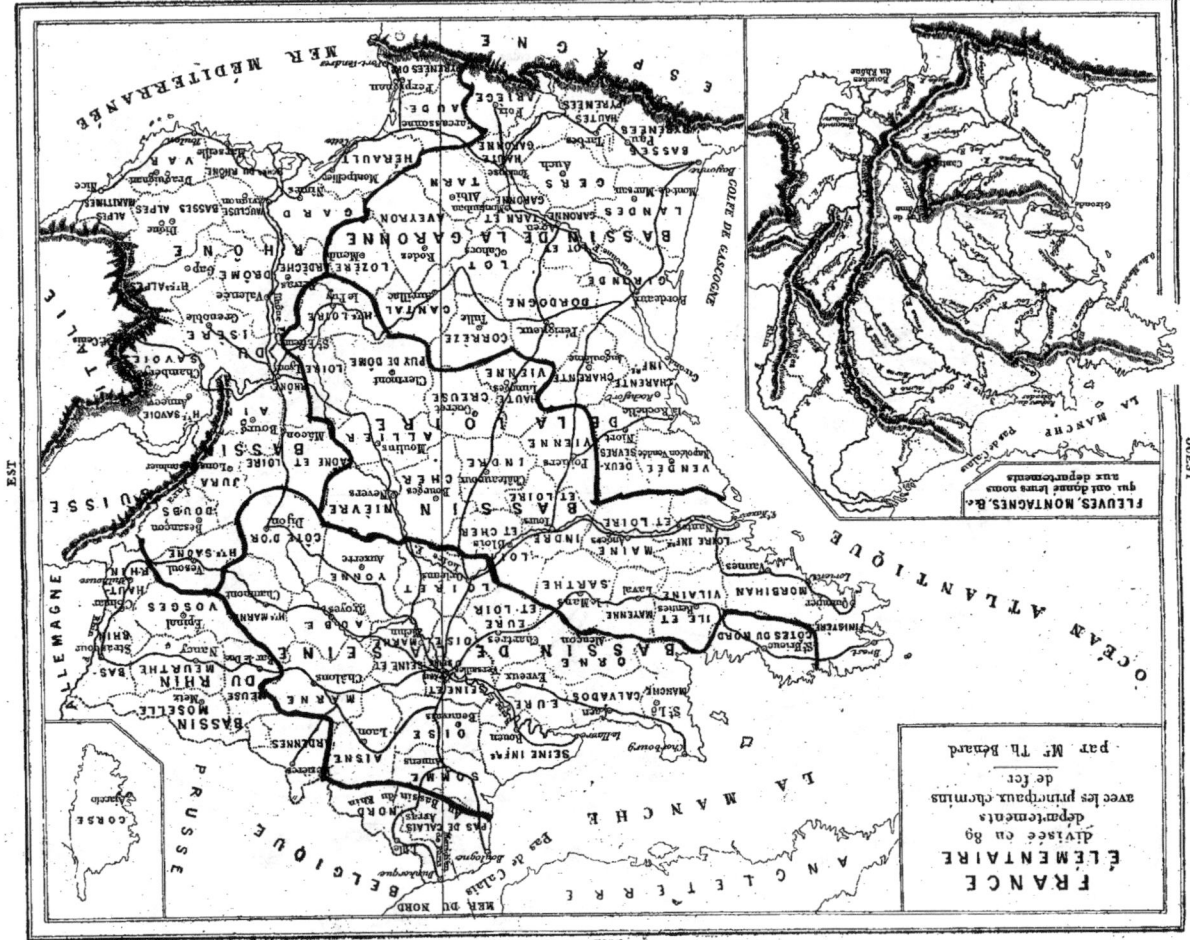

FRANCE.

SITUATION, CLIMAT (à réciter).

La France est une contrée de l'Europe occidentale, dans l'ancien continent. Sa situation, au milieu de la zone tempérée, la rend éminemment propre à toutes les cultures. Baignée sur plusieurs points par la mer, arrosée d'une foule de fleuves qui distribuent partout ses produits, elle a su développer toutes les industries, et elle est devenue comme la métropole de l'Europe.

GOUVERNEMENT, DIVISION (à réciter).

La forme du gouvernement est une monarchie héréditaire dans la famille de Napoléon. Le principal pouvoir est dans les mains de l'Empereur, qui fait exécuter les lois votées par le Corps législatif, et reconnues par le Sénat conformes à la constitution.

La capitale ou le siège du gouvernement est *Paris*.

Le territoire est divisé, en 89 départements, administrés par des préfets et divisés en arrondissements.

Pour classer les départements, on divise la France en cinq *bassins généraux*. — On appelle ainsi une étendue de pays arrosé par un grand fleuve et ceint de montagnes qui envoient leurs eaux à une même mer.

Tous les départements sont compris dans ces cinq divisions, à l'exception de celui de la *Corse* qui est formé d'une île de la mer Méditerranée.

Le bassin du *Rhin*, incliné sur la mer du Nord, renferme 9 départements.

Le bassin de la *Seine*, incliné sur la Manche, en renferme 18.

Le bassin de la *Loire*, incliné sur l'Océan, en renferme 20.

Le bassin de la *Garonne*, incliné sur le golfe de Gascogne, en renferme 20.

Le bassin du *Rhône*, incliné sur la mer Méditerranée, en renferme 21.

QUESTIONNAIRE.

LIMITES.

Nommez les mers et le détroit situés au nord de la France. — La mer du N., — le P. de C., et la M.

Quelle contrée de l'Europe est séparée de la France par le Pas de Calais?

Quels sont les États qui bornent aussi la France au nord? — La B. — et la P.

Quels sont les États qui bornent la France à l'est? — L'A. la S. — et l'I.

Quel fleuve sépare la France de l'Allemagne du Sud?
Quelle chaîne de montagnes la sépare de la Suisse?
Quelle chaîne de montagnes la sépare de l'Italie?
Indiquez la mer et la chaîne de montagnes qui bornent la France au sud.

Quelle contrée est séparée de la France par les Pyrénées?
Quel est l'océan qui baigne la France à l'ouest?

BASSIN DU RHIN.

Indiquez, avec leurs chefs-lieux, deux départements baignés par le Rhin. — Le H.-R., chef-lieu C.; — le B.-R., chef-lieu S.

Indiquez, avec leurs chefs-lieux, trois départements à l'ouest des premiers, dans le même bassin. — Les V., chef-lieu E.; — la Me., chef-lieu N.; — la Mo., chef-lieu Me.

Indiquez deux départements qui continuent la frontière du nord. — La Me., chef-lieu B.-le-D.; — les A., chef-lieu M.

Indiquez, pour compléter le bassin du Rhin, les deux départements baignés par la mer du Nord. — Le N., chef-lieu L.; — le P.-de-C., chef-lieu A.

BASSIN DE LA SEINE.

Indiquez trois départements situés sur le cours supérieur de la Seine (*à partir de sa source*). — La C.-d'O., chef-lieu D.; — l'A., chef-lieu T.; — S.-et-M., chef-lieu M.

Indiquez deux départements dont le second est enclavé dans le premier. — S.-et-O., chef-lieu V.; — la S. chef-lieu P.

Quels sont les départements situés sur le cours inférieur de la Seine? — L'E., chef-lieu É.; — la S.-Inf., chef-lieu R.

Quels sont, dans le bassin de la Seine, les départements situés au delà de la rive droite du fleuve? — La H.-M., chef-lieu C.; — la M., chef-lieu C.; — l'A., chef-lieu L.; — l'O., chef-lieu B.; — la S., chef-lieu A.

Quels sont ceux qu'on trouve au delà de la rive gauche? — L'Y., chef-lieu A.; — E.-et-L., chef-lieu C.; — l'O., chef-lieu A.; — le C., chef-lieu C.; — la M., chef-lieu St-L.; — les C.-du-N., chef-lieu S.-B.

BASSIN DE LA LOIRE.

Indiquez, avec leurs chefs-lieux, trois départements situés sur le cours supérieur de la Loire. — La H.-L., chef-lieu....
(*Indiquez le nom, et de même jusqu'à la fin*.) — La L.; — l'A.

Indiquez, avec leurs chefs-lieux, quatre départements situés sur le cours moyen de la Loire. — Le C.; — la N.; — le L.; — L.-et-C.

Indiquez trois départements situés sur le cours inférieur de la Loire. — I.-et-L.; — M.-et-L.; — L.-Inf.

Quels sont les départements situés au delà de la rive droite de la Loire, dans le nord du bassin. — La Sa.; — la M.; — I.-et-V.; — le M.; — le F.

Indiquez les cinq départements situés au delà de la rive gauche de la Loire. — Le P.-de-D.; — la Cr.; — la H.-V.; — l'I. — la V.

BASSIN DE LA GARONNE.

Quels sont les départements situés sur le cours de la Garonne? — La H.-G.; — T.-et-G.; — L.-et-G.; — la G.

Quels sont, au delà de la rive droite de la Garonne, les sept départements qui touchent au bassin de la Loire (*en commençant près de l'Océan*)? — La Ve.; — les D.-S.; — la Ch.; — la D.; — la Co.; — le Ca.; — le Lot.

Indiquez, du même côté du fleuve, quatre départements voisins des précédents, et au sud. — La Ch.-I.; — le L.; — l'Av.; — le T.; — l'Ar.

Quels sont les quatre départements situés au delà de la rive gauche? — Les H.-P.; — les B.-P.; — le G.; — les L.

BASSIN DU RHÔNE.

Indiquez quatre départements situés sur le cours supérieur du Rhône. — La H.-S.; — la S.; — l'I.; — l'Ai.

Indiquez trois départements situés sur le cours moyen du Rhône. — Le R.; — l'Ar.; — la D.

Quels sont les trois départements situés sur le cours inférieur du fleuve? — Le G.; — Vau.; — les B.-du-R.

Quels sont les quatre départements situés au nord du Rhône? — La H.-S.; — le D.; — le J.; — S.-et-L.

Quels sont les quatre départements situés à l'est du Rhône? — Les H.-A.; — les B.-A.; — les A.-M.; — le V.

Quels sont les départements situés à l'ouest? — L'H.; — l'A.; — les P.-O.

Nommez un département situé dans une île de la mer Méditerranée. — La C., chef-lieu A.

PRODUCTIONS (à réciter).

Parmi les races d'animaux indigènes on distingue des chevaux, des bœufs dont les qualités sont très-estimées, des moutons connus par la délicatesse de leur chair. Mais il y a aussi en France des espèces féroces et des bêtes fauves comme l'ours, le sanglier, le loup, le chamois. Le gibier y est abondant. L'abeille et le ver à soie donnent des produits considérables.

Les productions végétales sont très-variées. Le blé, le maïs, le seigle, l'orge, l'avoine, toutes les céréales donnent d'abondantes moissons. Les régions de l'est et du sud fournissent d'excellents vins dont les plus renommés sont ceux de Bourgogne, de Champagne, de Bordeaux, des bords du Rhône, du Roussillon. Le littoral de la Méditerranée produit des orangers, des citronniers, l'olivier, de beaux fruits, des plantes médicinales et des arbustes propres à la teinture.

Le sol renferme des richesses bien exploitées. Les plus importantes sont des mines de fer, de plomb, de zinc, de manganèse et d'antimoine. Les carrières de houille et de sel fournissent à un commerce considérable. On trouve aussi de beau marbre, du porphyre, des pierres à lithographie et des ardoises. Enfin les établissements de sources thermales ou minérales sont nombreux; ceux de Plombières, de Vichy, de Néris et des Pyrénées ont acquis une grande célébrité.

CHEMINS DE FER (à réciter).

L'industrie a créé, dans ce siècle, par les chemins de fer, d'admirables moyens de transport et de communication. La France entière est sillonnée de ces routes, qui rayonnent de Paris vers tous les points des frontières et sur les principaux ports de mer. Des lignes transversales relient entre elles les lignes éloignées, en sorte qu'il ne se trouve aucun centre de production agricole ou manufacturière qui ne soit à portée d'écouler ses denrées ou de recevoir les matières essentielles à sa fabrication.

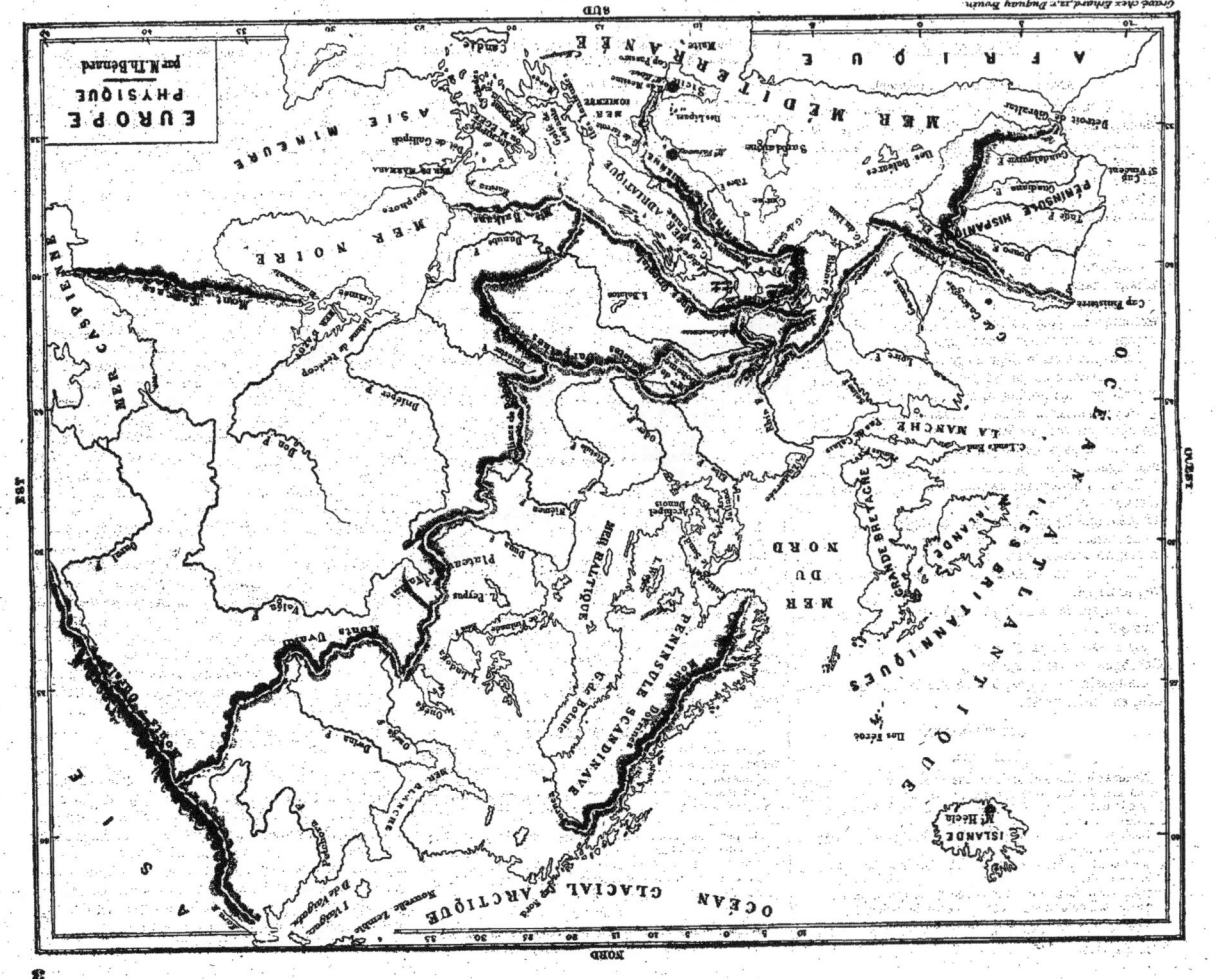

EUROPE PHYSIQUE

QUESTIONNAIRE

MERS

Quelles grandes mers baignent l'Europe au nord, à l'ouest et au sud?

Nommez une petite mer formée par l'océan glacial Arctique. — La mer B.

Nommez trois petites mers formées par l'océan Atlantique. — La mer Bal. — la mer du N. — la Man.

Indiquez deux petites mers vers le milieu de la Méditerranée. — La mer I. — et la mer A.

Indiquez, en allant vers l'est, une mer couverte d'îles et qui porte deux noms. — L'Ar. ou mer É.

Indiquez au delà trois autres mers à la suite. — La mer de M.; — la mer N. — et la mer d'A.

Nommez une mer située à l'est et qui ne communique point avec les autres. — La mer C.

GOLFES. — DÉTROITS.

Quels sont les golfes formés par la mer Baltique?

Nommez un golfe formé par la mer du Nord. — Le Z.

Nommez un golfe dans l'océan Atlantique. — Le golfe de G.

Nommez deux golfes situés dans la mer Méditerranée, vers l'ouest. — Le golfe du L. — et le golfe de G.

Quel golfe est formé par la mer Adriatique?

Nommez deux golfes formés par la mer Ionienne. — Le golfe de T. — et le golfe de L.

Quel détroit trouve-t-on à l'extrémité nord-est de l'Europe? — Le détroit de V.

Nommez les principaux détroits qui font communiquer la mer du Nord avec la mer Baltique. — Le Cat. — le S.....

Quel est le détroit qui fait communiquer la Manche avec la mer du Nord? — Le P. de C.

Quel détroit fait communiquer l'océan Atlantique avec la mer Méditerranée? — Le détroit de G.

Quel détroit fait communiquer la partie occidentale de la mer Méditerranée avec la mer Ionienne? — Le détroit de M.

Quel détroit fait communiquer l'Archipel ou mer Égée avec la mer de Marmara?

Quel détroit fait communiquer la mer de Marmara avec la mer Noire? — Le B.

Quel détroit fait communiquer la mer Noire avec la mer d'Azov?

ARCHIPELS. — ÎLES.

Quel est le grand archipel ou groupe d'îles situé entre la mer du Nord et l'océan Atlantique? — Les îles Br.

Nommez les deux principales îles de cet archipel.

Quel est l'archipel situé à l'entrée de la mer Baltique? — L'Archipel D.

Quelles sont les îles situées dans la mer Méditerranée, à l'ouest? — Les îles B.

Quel est le groupe d'îles situé dans la mer Ionienne? — Les îles Io.

Quel est celui qu'on trouve dans la mer de l'archipel ou mer Égée. — Les Cy.

Nommez une grande île située au nord-ouest de l'Europe. — L'Is.

Nommez trois îles importantes à l'est des îles Baléares. — La C. — la Sar. — et la Si.

Nommez une petite île située au sud de la Sicile.

Nommez une île située au sud des Cyclades. — C.

Nommez une île considérable de la mer Égée. — Né.

Quel est le petit groupe situé entre les îles Britanniques et l'Islande?

PRESQU'ÎLES OU PÉNINSULES. — ISTHMES. — CAPS.

Quelle grande péninsule remarque-t-on au nord de l'Europe. — La P. S.

Nommez les deux grandes péninsules situées au midi.

Indiquez une petite péninsule ou presqu'île située entre le Sund et la mer du Nord. — Le J.

Nommez une petite presqu'île située entre la mer Ionienne et l'Archipel ou mer Égée. — La Mo.

Indiquez une petite presqu'île située dans la mer Noire. — La C.

Nommez les isthmes qui rattachent ces deux dernières presqu'îles au continent. — L'isthme de C. — et l'isthme de P.

Indiquez, dans l'océan glacial Arctique, le cap le plus septentrional de l'Europe.

Nommez trois caps qui s'avancent dans l'océan Atlantique. — Le cap. L., — le cap F., — et le cap St-V.

Indiquez un cap au sud de la Sicile.

Indiquez un cap au sud de la Morée.

MONTAGNES. — VOLCANS.

Quelle chaîne de montagnes trouve-t-on au nord de l'Italie? Indiquez-en les principales divisions. — Les A. Occ.; — les A. C.; — les A. Or.

Quelle chaîne de montagnes trouve-t-on au nord de la péninsule Hispanique, près du golfe de Gascogne? — Les P.

Quelle est la chaîne la plus centrale de l'Europe? — Les Car...

Indiquez une grande chaîne située à l'ouest de la mer Noire. — Les monts B.

Indiquez une chaîne située entre la mer Noire et la mer Caspienne. — Le C.

Indiquez la chaîne qui sépare l'Europe de l'Asie, au nord-est. — Les monts O.

Quelle est la chaîne qui traverse l'Italie? — Les Ap.

Nommez la chaîne qui parcourt la péninsule Hispanique ou l'Espagne du nord au sud? — Les monts I.

Nommez trois chaînes qui relient les Pyrénées aux Alpes. — Les C.; — les V.; — le J.

Nommez trois chaînes qui unissent, dans le centre de l'Europe, les Alpes aux Carpathes. — La Fo.-N.; — les monts de B. — et les S.

Nommez une suite de hauteurs intermédiaires entre les Carpathes et les monts Ourals. — Les coll. de P.; — le pl. de V.; — et les monts U.

Nommez trois volcans situés en Italie, en Sicile et en Islande. — Le mont V.; — le mont E.; — et le mont H.

FLEUVES.

1° Versant Nord-Ouest.

Quel est le fleuve qui se jette directement dans l'océan glacial Arctique, vers le nord-est? — La P.

Indiquez ceux qui se jettent dans la mer Blanche? — La D. et l'O.

Quel est celui qui se jette dans le golfe de Botnie? — La T.

Quel est celui qui se jette dans le golfe de Finlande? — La N.

Quels sont ceux qui débouchent dans la mer Baltique? — La D. — Le N. — La V. — L'O.

Quels sont ceux qui se jettent dans la mer du Nord? — L'E. — Le R. — La Ta.

Quel est celui qui se jette dans la Manche? — La S.

Quels sont ceux qui se rendent dans l'océan Atlantique ou dans le golfe de Gascogne? — La L. — La G. — Le D. — Le T. — La G. — Et le G.

2° Versant Sud-Ouest.

Quel est le fleuve de la péninsule Hispanique qui se jette dans la mer Méditerranée. — L'É.

Quel est le fleuve qui se jette dans le golfe du Lion?

Quels sont les principaux fleuves de l'Italie? — Le P. — l'A. — et le T.

Quel est le fleuve qui se jette dans l'Archipel? — La M.

Quels sont les fleuves qui débouchent dans la mer Noire? — Le Da. — Le Dn. — Et le Dn.

Quel est le fleuve qui se jette dans la mer d'Azov?

Quels sont les fleuves qui se jettent dans la mer Caspienne? — Le V. — Et l'O.

Quels sont les principaux lacs de la péninsule Scandinave?

Quels sont les principaux lacs qu'on trouve entre la mer Baltique et la mer Blanche?

Quels sont les principaux lacs de l'Italie?

Quel est le lac situé entre les Alpes orientales et le Danube?

LIMITES. — VUE GÉNÉRALE (à réciter)

L'Europe est bornée au nord par l'océan glacial Arctique; — à l'ouest, par l'océan Atlantique; — au sud, par la mer Méditerranée, l'Archipel, la mer de Marmara, la mer Noire et la chaîne du Caucase; — à l'est, par la mer Caspienne, le fleuve Oural et les montagnes du même nom.

L'Europe est la mieux cultivée des parties du monde, et la plus peuplée comparativement à son étendue. Elle ne présente point cette richesse, cette variété de produits qu'on admire dans l'Asie méridionale et en Amérique; mais on n'y trouve pas non plus, comme en Afrique, ces déserts perdus pour la production.

Les montagnes sont moins élevées, les fleuves ont le cours moins étendu que dans ces autres parties du monde; mais la température y est plus douce, plus égale, et l'industrie a trouvé dans le sol toutes les ressources nécessaires pour les besoins de la vie.

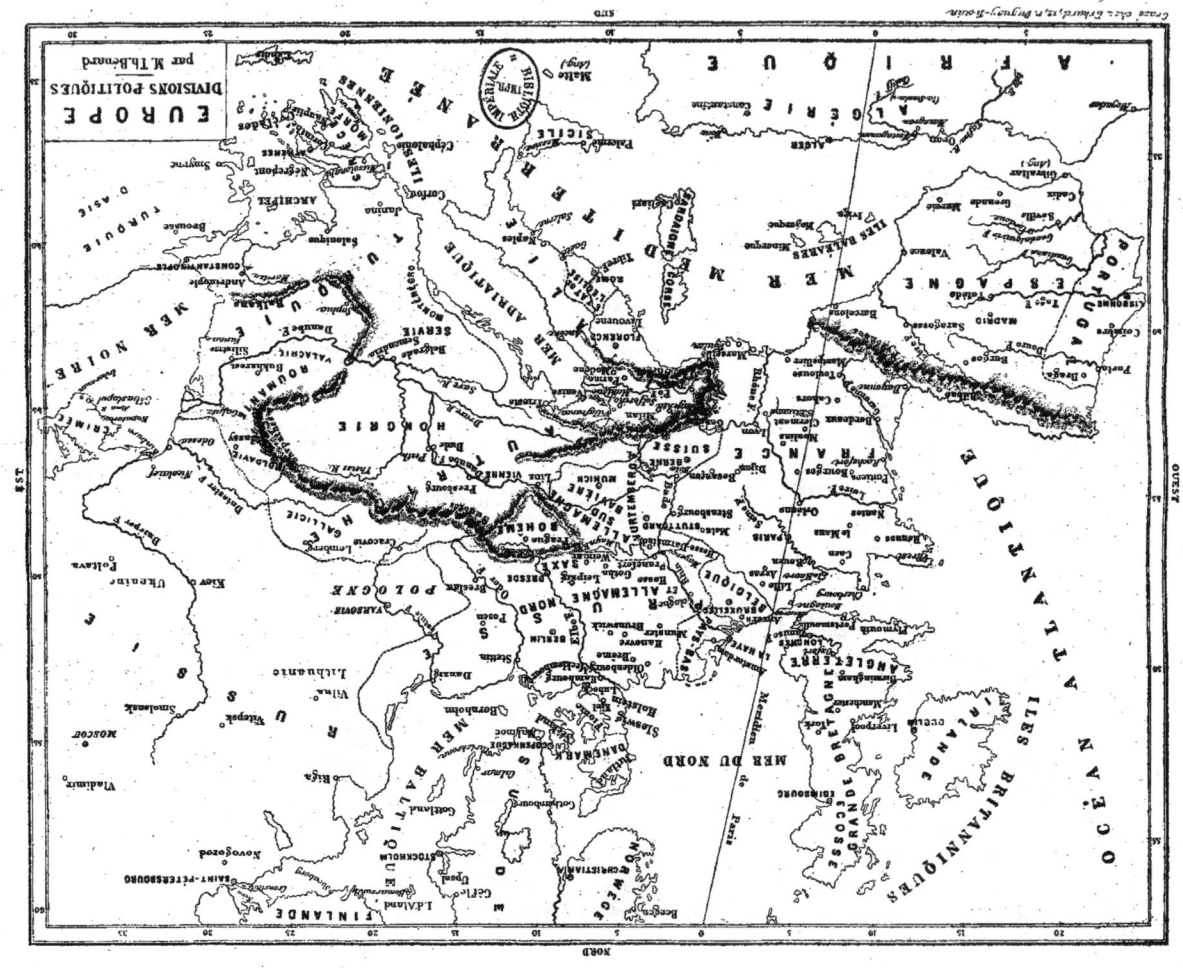

EUROPE

DIVISIONS POLITIQUES.

CONTRÉES (à réciter).

On divise l'Europe en dix-sept contrées, dont quatre sont situées au nord, huit au milieu et cinq au sud.

Au nord : les *Iles Britanniques*, le *Danemark*, la *Suède* et la *Russie*.

Au milieu : la *France*, la *Belgique*, les *Pays-Bas*, la *Suisse*, la *Prusse*, l'*Allemagne du Nord*, l'*Allemagne du Sud* et l'*Autriche*.

Au sud : l'*Espagne*, le *Portugal*, l'*Italie*, la *Grèce* et la *Turquie*.

QUESTIONNAIRE.

CONTRÉES DU NORD.

Dans les îles Britanniques, quelles sont les deux divisions de l'île principale ou de la Grande-Bretagne ? — L'A., — et l'É.

Quelle est la capitale de l'Angleterre et de tout le royaume ? — L.

Quelle est la capitale de l'Écosse ? — É.

Quelle est la capitale de la seconde île ou de l'Irlande ? — D.

Quelles sont les autres villes importantes du royaume ?

Quelles sont les deux principales îles du Danemark ? — S. et F.

Quelle est la presqu'île située à l'ouest, dont la partie septentrionale appartient à ce royaume ? — Le J.

Quelle est la capitale du Danemark ? — C.

Quelles sont les deux divisions de la contrée située au nord du Danemark ? — La S. et la N.

Quelle est la capitale de la première ? — S.

Quelle est la capitale de la seconde ? — C.

Quelles sont les principales villes du royaume ? — Go. — M. — Gè. — U. — C. — B.

Quelle est la capitale de la Russie ? — S.-P.

Quelle a été longtemps la capitale de cet empire ? — M.

Indiquez à l'ouest une grande division qui formait autrefois un royaume indépendant. — La Po.

Quelle était sa capitale ? — V.

Indiquez quelques autres divisions. — La F.; — la Lith.; — l'Uk.; — la C.

Nommez quelques villes principales ?

CONTRÉES DU MILIEU (moins la France).

Nommez un État au nord de la France. — La B.

Quelle est la capitale de ce royaume ? — B.

Citez une ville principale.

Nommez un royaume au nord de la Belgique. — Les P.- B.

Indiquez sa capitale et une ville principale. — La H. — A.

Quel État est situé à l'est de la France et au nord des Alpes ? — La S.

Quelles sont les villes principales de cette république ? — Be. — G. — B. — Z.

Nommez un grand royaume situé à l'est de la Belgique et des Pays-Bas. — La Pr.

Quelle contrée importante renferme-t-il ? — L'All. du Nord.

Quelle est la capitale de la Prusse ? — Be. (*Entre l'Elbe et l'Oder*).

Indiquez au sud du Jutland deux petites provinces qui appartiennent à la Prusse. — Le Sl. — et le H.

Quelle est leur principale ville ? — K.

Indiquez quatre villes de la Prusse, vers l'est. — Da.; — S.; — P. — et Br.

Indiquez quatre villes vers l'ouest. — F. — C.; — Han.; — Muns...

Dans l'Allemagne du Nord, qui est une confédération de plusieurs États, indiquez un royaume et ses villes. — La Sa..., capitale D.; ville principale, Le.

Indiquez à côté deux villes capitales d'un grand-duché et d'un duché. — W.; — et G.

Indiquez trois villes libres près des bouches de l'Elbe. — Ham.; — Lu.; — et Brê.

Indiquez deux royaumes dans l'Allemagne du Sud. — La B. — et le W.

Quelle est la capitale du premier ? — M.

Quelle est la capitale du second ? — S.

Indiquez deux grands-duchés de l'Allemagne du Sud. — Le grand-duché de B. — et celui de H.-D.

Indiquez, dans ce dernier État, une ville réunie à l'Allemagne du Nord. — Ma.

Quelle est la capitale de l'empire d'Autriche ? — Vi. (*sur le Danube*).

Nommez trois divisions principales de cet empire. — La B.; — la H. — et la G.

Nommez quelques villes importantes de l'empire d'Autriche. — Pra. — S. — Cr. — Le. — B. — Pre. — Pe. — T. — Li.

CONTRÉES DU SUD.

Quels sont les royaumes compris dans la péninsule hispanique ? — L'E. — et le P.

Quelle est la capitale du premier ?

Nommez quelques-unes de ses principales villes. — Ba. — V. — Sa. — Bu. — Bi. — T. — Mu. — Gr. — Sé. — Ca. — Co.

Indiquez, au sud, une possession de l'Angleterre. — G.

Quelle est la capitale du Portugal ? — L.

Nommez trois villes principales.

Quel État trouve-t-on au milieu de l'Italie ? — L'É. de l'É.

Quelle est sa capitale ? — R.

Quelle est la capitale du royaume d'Italie ? — F.

Citez quelques-unes de ses principales villes. — Au nord : Mi. — Ve. — T. — G. — P. — Mo. — Man. — Mag. — S. — Vi. — Au centre : L. — A. — Au sud : N.

Nommez deux grandes îles qui appartiennent à ce royaume. — La Sa. — et la Si.

Quelle est la capitale de la Sardaigne ? — C.

Nommez la capitale et une ville principale de la Sicile.

Nommez au sud de la Sicile une île possession anglaise.

Quel État trouve-t-on au sud-est de l'Europe ? — La G.

Quelle est sa capitale ? — A.

Nommez une presqu'île qui en fait partie. — La M.

Quelles sont les principales villes de ce royaume ? — C. — N. — M. — N.

Nommez deux groupes d'îles à l'ouest et à l'est.

Nommez les principales îles de la Grèce. — Co.; — Cé.; — Nég.

Quel grand État trouve-t-on entre la mer Noire et la mer Adriatique ? — La T.

Quelle est sa capitale ? — C.

Nommez trois États tributaires de cet empire. — La R.; — la S.; — et le M.

Nommez quelques villes importantes de la Turquie proprement dite. — A. — Si. — Sa. — J. — So. — V.

Quelles sont les divisions de la Roumanie ? — La V. — et la Mol.

Quelles sont les villes principales ? — B. — J. — G.

Quelles sont les villes principales de la Servie ? — B. — S.

Quelle est, au sud des Cyclades, une île qui appartient à la Turquie ? — C.

CLIMAT. — PRODUCTIONS (à réciter).

L'Europe est presque en entier comprise dans la zone tempérée septentrionale ; aussi le climat y est doux, sauf cependant au voisinage du cercle polaire.

Le sol, anciennement couvert de vastes forêts, n'en conserve plus aujourd'hui que dans les contrées faiblement habitées. Il est peu de localités qui ne soient susceptibles d'une culture utile, et l'industrie a acclimaté parmi nous une foule de plantes étrangères, telles que le tabac, la pomme de terre et le maïs.

A mesure que la population s'est accrue, les races d'animaux utiles se sont multipliées. Les plaines voisines de la mer d'Azov et de la mer Caspienne ont le dromadaire qui leur est commun avec l'Asie, et celles du nord ont le renne, qui présente de grandes ressources aux populations. Presque tous les animaux indigènes ont été appropriés à la vie domestique.

Le règne minéral n'est pas aussi riche qu'en Amérique. L'or et le platine ne s'y trouvent guère que dans les monts Ourals ; mais la plupart des contrées exploitent le fer et le plomb ; l'Angleterre a d'abondantes mines d'étain ; la Suède, de cuivre, et l'Espagne, de mercure. La houille est commune en Europe, et l'on trouve partout la chaux, le plâtre, du granit, du marbre, des ardoises, tous les matériaux qui entrent dans les constructions.

4

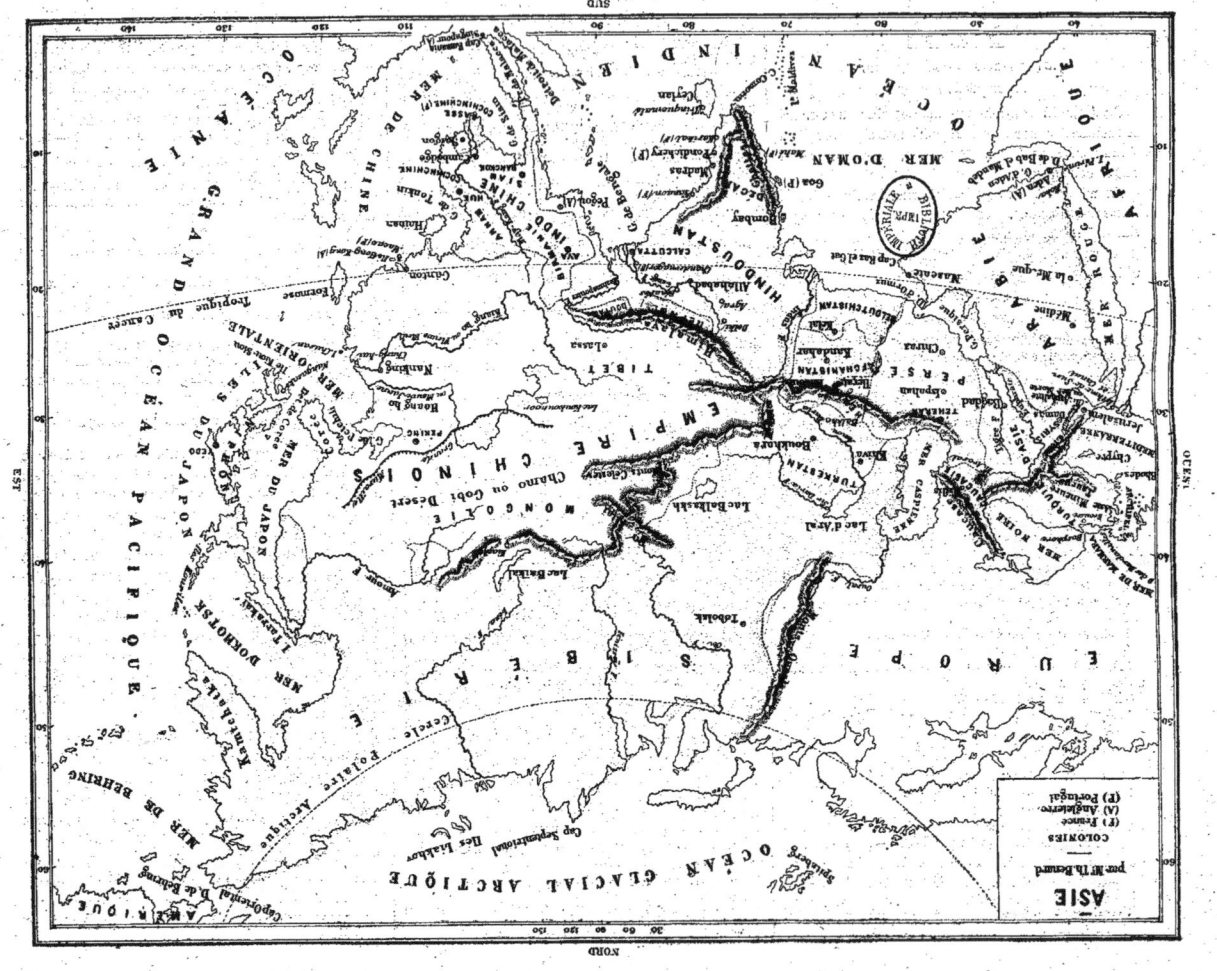

ASIE

SITUATION, DIVISION (*à réciter*).

Des trois parties du monde comprises dans l'ancien continent, l'Asie est la plus grande et celle qui a été peuplée la première.

Elle est située à l'est de l'Europe et de l'Afrique, entre l'Océan glacial arctique et l'équateur.

On la divise en treize contrées, savoir :
Une au nord : la *Sibérie*;
Deux à l'ouest : la *Caucasie* ou *Russie du Caucase*, et la *Turquie d'Asie*;
Trois au sud : l'*Arabie*, l'*Hindoustan* et l'*Indo-Chine*.
Deux à l'est : l'*empire Chinois* et le *Japon*.
Et cinq au milieu : la *Perse*, le *Turkestan*, le *Hérat*, l'*Afghanistan* et le *Béloutchistan*.

QUESTIONNAIRE.

MERS ET LIMITES. — GOLFES.

Quelles sont les trois grandes mers qui baignent l'Asie et qui forment ses limites au nord, à l'est et au sud?
Indiquez les limites de l'Asie à l'ouest (*en commençant par le haut*). Les monts O. — le fleuve O.; — la mer C.; — la chaîne du C.; — la mer N.; — la mer de Mar.; — la mer Méd.; — l'isthme de S. — et la mer R.
Nommez deux petites mers formées par l'Océan indien. — La mer R. — et la mer d'O.
Nommez cinq petites mers formées par le grand Océan pacifique (*du nord au sud*). — La mer de B.; — la mer d'O.; — la mer du J.; — la mer O. — et la mer de C.
Quel est le golfe formé par la mer Orientale? — Le G. de P.
Quels sont les golfes formés par la mer de Chine? — Le G. de T. — et le G. de S.
Quel est le golfe formé par l'Océan indien? — Le G. de B.
Quels sont les golfes formés par la mer d'Oman? — Le G. Per. — et le G. d'A.

DÉTROITS. — CAPS.

Indiquez un détroit entre l'Océan glacial arctique et la mer de Behring.
Entre la mer du Japon et la mer Orientale.
Entre l'Océan indien et la mer de Chine. — Le D. de Ma.
Entre la mer d'Oman et le golfe Persique.
Entre la mer Rouge et le golfe d'A.
Rappelez deux détroits entre l'Archipel et la mer Noire.
Quel est le cap qui s'avance dans l'Océan glacial? — Le cap R.
Quel est celui qui est au sud de la mer de la Chine? — Le cap R.
Quel est celui qui se projette dans l'Océan indien, au sud? — Le cap C.
Quel est celui qui se projette dans la mer d'Oman? — Le cap R. et G.

PRESQU'ÎLES. — ARCHIPELS. — ÎLES.

Indiquez trois grandes presqu'îles au sud de l'Asie. — L'Ar. — L'H. — et l'In.-Ch.
Indiquez une presqu'île entre la mer Méditerranée et la mer Noire. — L'A. M.
Nommez une petite presqu'île au sud de l'Indo-Chine. — La presqu'île de M.
Entre le golfe de Petchili et la mer du Japon. — La C.
Entre la mer d'Okhotsk et la mer de Behring. — Le K.
Nommez l'archipel situé dans l'Océan glacial. — Les îles L.
Rappelez le grand archipel situé à l'est. — Les îles du J.
Nommez un archipel de petites îles dans l'Océan européen.
Nommez deux îles isolées dans la Méditerranée. — C. et R.
Indiquez celle qui est au sud de l'Hindoustan. — C.
Celle qui est au sud de la mer orientale. — F.
Celle qui est dans la mer d'Okhotsk. — T.

MONTAGNES. — FLEUVES. — LACS. — DÉSERT.

Nommez quatre chaînes occidentales de l'Asie. — Les monts O. — Le C. — Le T. — et le L.
Nommez la chaîne au sud de l'Hindoustan. — Les G.
Nommez les quatre chaînes centrales de l'Asie. — Les monts H. — La B. — Les monts C. — et les monts A.
Nommez les trois fleuves qui arrosent la Sibérie.
Celui qui sépare la Sibérie de l'empire chinois vers l'est. — L'A.
Quels sont les deux grands fleuves de l'empire chinois?
Quel est celui qui parcourt l'Indo-Chine?
Quels sont les trois fleuves qui baignent l'Hindoustan?
Les deux qui arrosent le Turkestan?
Les trois qui arrosent la Turquie d'Asie?
Rappelez le fleuve qui coule entre l'Asie et l'Europe.
Nommez trois lacs de la Sibérie.
Nommez le lac appelé aussi mer, qui reçoit le Jourdain.
Nommez un grand désert au milieu de l'empire chinois.

CONTRÉES. — POSSESSIONS EUROPÉENNES.

Régions du nord et de l'ouest.

Nommez la capitale de la Sibérie, possession russe. — To.
Nommez la capitale de la Caucasie, possession russe. — Ti.
Quelles sont les villes principales de la Turquie d'Asie? — Br. — D. — J. — Ba.
Indiquez une division de cette contrée. — La S.

Région du sud.

Quelles sont les villes principales de l'Arabie? — La M.; Mé.; — Ma.; — Mo. — et A., possession anglaise.
Nommez la capitale et les villes principales de l'Hindoustan, possession anglaise. — Capitale, Ca.; — villes principales, Mad.; — B.; — Al.; — Ag.; — D.
Nommez cinq villes appartenant à la France. — P. — C. — Y. — K. — M..é.
Nommez une colonie portugaise. — G.
Nommez dans l'Hindoustan deux États indépendants (au nord, près de l'Himalaya). — Le N. — et le B.
Rappelez une île du sud possession anglaise; nommez sa ville principale. — L'île de C., ville principale T.
Quels sont les États compris dans l'Indo-Chine avec leurs villes principales? — La B. (ou empire Birman), ville principale A.; — l'empire d'An., capitale H.; — le royaume de S., capitale B.; — royaume de C., ville principale C.; — la Ba. Co. (colonie française), capitale S.

Nommez dans l'Indo-Chine deux villes qui sont des possessions anglaises; une vers le nord, l'autre dans une petite île du sud.

Région de l'est.

Nommez la capitale de l'empire chinois. — P.
Nommez deux grandes divisions de cet empire. — La M. — et le T.
Quelles sont ses deux villes principales? — C. — et N.
Indiquez sur la côte une colonie anglaise. — L'île H. K.
Indiquez une colonie portugaise. — M.
Indiquez un port ouvert au commerce européen. — C.
Quelle est la capitale de l'empire du Japon? — Y.
Nommez l'île principale de cet archipel. — N.
Nommez l'île située au sud. — K.-S.
Nommez dans cette dernière île une ville ouverte au commerce européen. — N.

Région du centre.

Indiquez la capitale et les villes principales du royaume de Perse. — Capitale T. — Villes principales I. et Ch.
Indiquez les villes principales du Turkestan.
Indiquez la capitale du royaume de Hérat. — H.
Quelles sont les villes principales de l'Afghanistan?
Quelle est la ville principale du Béloutchistan?

PRODUCTIONS (*à réciter*).

Les espèces du règne animal sont très-multipliées en Asie. Les chevaux d'Arabie et de Perse sont remarquables par leur beauté et leur vitesse. Dans le sud on rencontre plusieurs variétés de singes, des éléphants, des rhinocéros, des lions, des tigres, des panthères, la chèvre de Cachemire aux riches toisons. Dans le nord, des martres, des renards, des hermines, des zibelines, des rennes et autres animaux à fourrures précieuses.

La végétation est triste et presque nulle dans le nord; mais le centre produit abondamment du riz et des céréales. La plupart des arbres fruitiers de l'Europe, tels que le cerisier, le pêcher et l'abricotier, sont originaires de ces climats. C'est surtout dans les régions du tropique que le règne végétal déploie le plus de magnificence. On y trouve une multitude d'arbres précieux, le caféier, le palmier, la canne à sucre, les épiceries et les plantes aromatiques.

La terre renferme des mines considérables d'or, d'argent, de platine, de cuivre, de mercure, d'étain et de fer. La perle se pêche sur les côtes du golfe Persique. L'Hindoustan a de riches mines de diamants, et nulle part on ne trouve une aussi grande quantité de pierres précieuses.

5

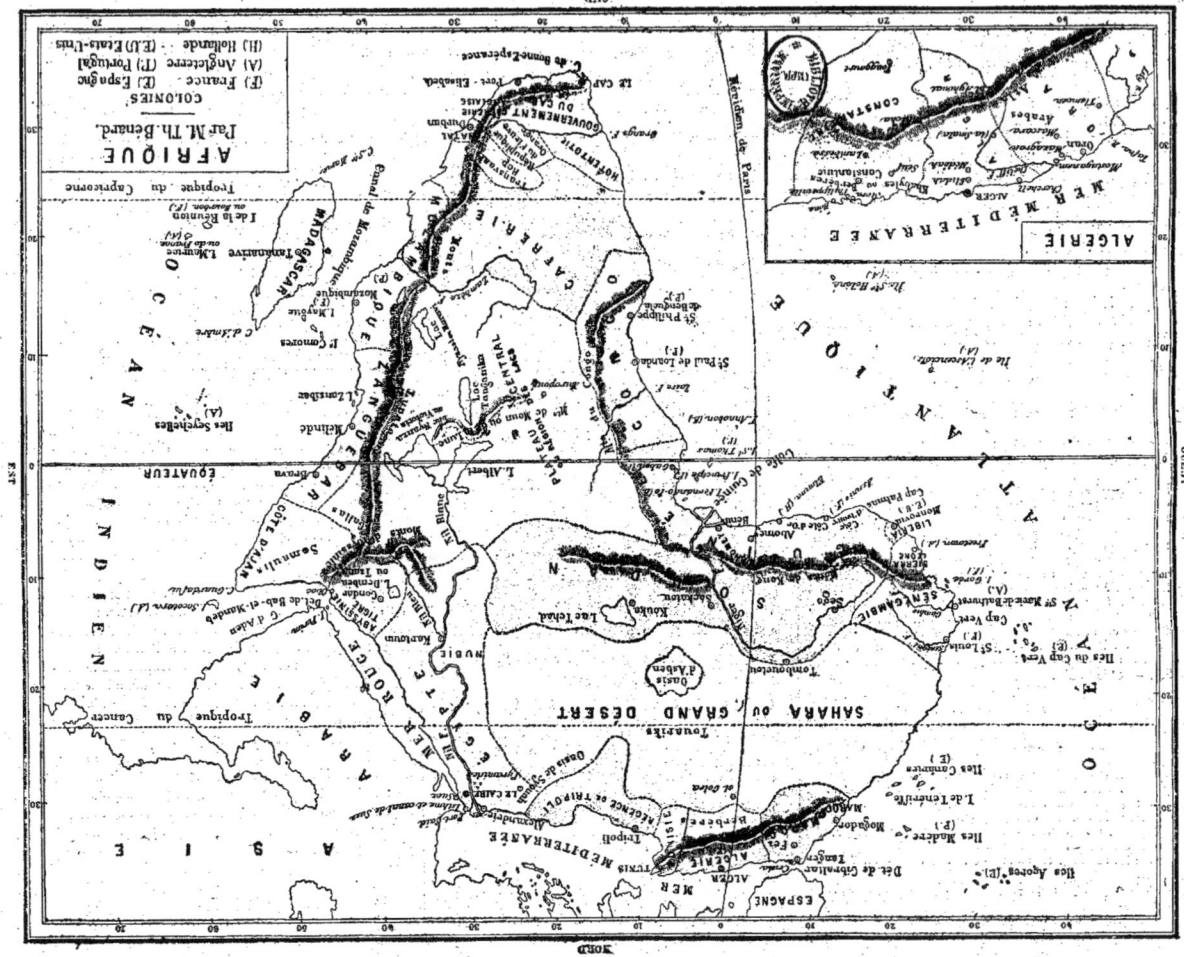

AFRIQUE

SITUATION, DIVISION (à réciter).

L'Afrique, qui est la troisième partie de l'ancien continent, est située au sud de l'Europe et à l'ouest de l'Asie. C'est une grande presqu'île, de forme triangulaire, exposée, sous la zone torride, aux plus fortes ardeurs du soleil.

On divise l'Afrique en dix-huit contrées dont quelques-unes forment des États, et les autres ne renferment que de simples tribus avec divers chefs ; ces contrées sont situées ainsi :

Deux au nord-est : l'*Égypte* et l'*Abyssinie* ;
Quatre au nord : l'État ou régence de *Tripoli*, la *Tunisie*, l'*Algérie* et le *Maroc* ;
Trois à l'ouest : la *Sénégambie*, la *Guinée* et le *Congo* ;
Deux au sud : la *Hottentotie* et le *Gouvernement du Cap* ;
Trois à l'est : le *Mozambique*, le *Zanguebar* et la côte d'*Ajan* ;
Et quatre au milieu : le *Sahara*, le *Soudan*, le *Plateau central* ou *Région des lacs*, et la *Cafrerie*.

QUESTIONNAIRE.

MERS ET LIMITES.

Nommez deux grandes mers au nord et à l'ouest.
Nommez la grande mer située à l'est, et la petite mer qui est formée de celle-ci. — L'O. In. — et la mer R.
Rappelez l'isthme qui complète la limite à l'est. — L'I. de S.

GOLFES. — DÉTROITS. — CAPS.

Nommez un grand golfe formé par l'Océan Atlantique.
Nommez un golfe entre l'Océan indien et la mer Rouge.
Nommez un canal sur la côte orientale, dans l'Océan indien.
Rappelez deux autres détroits, au nord et à l'est.
Quels sont les deux caps de la côte occidentale.
Quel est le cap qui termine l'Afrique au sud ?
Quel est le cap qui s'avance dans l'Océan indien ?
Nommez deux caps dans une grande île de cet océan.

ARCHIPELS. — ILES.

Nommez quatre groupes d'îles dans l'Océan atlantique, du nord au sud. — Les îles A. ; — les îles M. ; — les îles C. ; — les îles du C.-V.
Nommez l'île principale du troisième groupe. — L'île T.
Nommez quatre îles du golfe de Guinée. — F.-P. — Pr. — St-T. — A.
Nommez deux îles isolées au milieu de l'Océan Atlantique.
Rappelez une grande île de l'Océan indien.
Quelle est sa capitale ?
Nommez deux petites îles à l'est de Madagascar.
Nommez un groupe au nord du canal de Mozambique. — Les îles C.
Nommez une île de ce groupe.
Nommez un groupe voisin de l'équateur. — Les îles S.
Nommez deux îles à l'est et à l'ouest du golfe d'Aden. — L'île S. — et l'île P.

MONTAGNES. — FLEUVES. — LACS.

Quelles sont les principales chaînes de l'Afrique ?
Quel est le fleuve qui arrose l'Égypte ? — Le N.
Nommez les deux branches qui le forment.
Quel est le fleuve qui arrose le Soudan et la Guinée ? — Le N.
Quels sont ceux qui arrosent la Sénégambie ? — Le S. — et la G.
Quel est celui qui arrose le Congo ? — Le Z.
Celui qui borne la Cafrerie au sud ? — Le fleuve O.
Quel est celui qui arrose la Cafrerie à l'est ? — Le Z.
Nommez un lac situé dans l'Abyssinie.
Nommez un lac situé dans le Soudan.
Nommez quatre grands lacs du plateau central.

CONTRÉES

Nommez une division de l'Égypte ? — La N.
Quelle est la capitale du royaume ? — Le C.
Quelles constructions remarque-t-on au voisinage ? — Les P.
Nommez les principales villes de l'Égypte ? — A. — P.-S. — Su. — K. en Nubie.
Quelle oasis trouve-t-on au nord-ouest ?
Nommez le canal récemment creusé au nord-est. — Le C. de S.
Indiquez un État principal dans l'Abyssinie. — Le royaume de T.
Quelle est sa capitale ? — G.
Quelle est la capitale de la régence de Tripoli ?
Quelle est la capitale de la Tunisie ?
Indiquez (d'après le croquis à gauche) les trois départements de l'Algérie et leurs chefs-lieux.
Quelles sont les villes principales du département d'Alger ? — B. ; — C. ; — M. ; — et A.
Nommez le camp retranché pris sur Abd-el-Kader en 1841. — La S.
Quelles sont les villes principales du département d'Oran ?
Quelles sont les villes principales du département de Constantine ?
Nommez la chaîne de montagnes qui parcourt l'Algérie.
Nommez le fleuve du milieu.
Nommez la rivière de l'ouest et son affluent.
Quelles sont les principales races indigènes ? — Les A. — et les B. ou K.
Quelle est la capitale de l'empire du Maroc ?
Nommez ses villes principales.
Nommez deux villes de la Sénégambie.
Indiquez deux divisions de la Guinée, à l'ouest, avec leurs chefs-lieux. — S.-L., chef-lieu F. — et L., chef-lieu M.
Indiquez un État du milieu et sa capitale. — Le royaume de D., capitale A.
Quels noms portent certaines parties de la côte ? — La côte d'I. — La côte d'O.
Quelles sont les autres villes de la Guinée ? — A. — E. — B. — G.
Quelles sont les villes principales du Congo ? — Le C.
Nommez la capitale du gouvernement du Cap. — Le C.
Nommez une ville principale. — P.-E.
Indiquez deux divisions de cette contrée. — La C.A. — et le N.
Quelle est la capitale du Natal ? — D.
Indiquez deux petites contrées voisines de ce gouvernement et de la Hottentotie. — Le Tr. — et la Rép. du fl. O.
Quelle est la capitale de l'État de Mozambique ? — M.
Nommez les principales villes du Zanguebar.
Indiquez une petite île de la côte.
Quel peuple habite la côte d'Ajan ? — Les S.
Nommez une race des contrées voisines. — Les G.
Nommez une localité du Sahara. — El G.
Nommez une race indigène de cette contrée. — Les T.
Nommez une oasis du centre. — L'oasis d'A.
Quelles sont les villes principales du Soudan ? — T. — Sé. — Sa. — K.
Indiquez une localité du Plateau central.
Indiquez une localité de la Cafrerie.

POSSESSIONS EUROPÉENNES (à réciter).

La France possède l'*Algérie* ; une partie de la *Sénégambie*, l'île *Gorée* ; *Assinie* et *Gabon*, dans le golfe de Guinée ; l'île de la *Réunion* et l'île *Mayotte*.

Les possessions anglaises sont : une partie de la *Sénégambie*, *Sierra-Leone*, l'*Ascension*, *Sainte-Hélène* ; la colonie du *Cap*, le *Natal* ; l'île *Maurice*, les *Seychelles*, *Socotora* et l'île *Périm*.

L'Espagne occupe *Ceuta* ; les îles *Canaries* ; l'île *Fernando-Po* et *Annobon*.

Le Portugal possède les *Açores*, les îles *Madère*, les îles du *Cap-Vert* ; l'île *Principe*, l'île *Saint-Thomas* ; une partie du *Congo* et du *Mozambique*.

La Hollande possède *Elmina* dans le golfe de Guinée.

Les Etats-Unis ont la colonie de *Liberia*.

PRODUCTIONS (à réciter).

Dans les contrées cultivées de l'Afrique, le sol produit du froment, du riz, de l'orge. Quelques localités renferment des forêts épaisses, des arbres gigantesques, tels que le baobab, dont le tronc a quelquefois jusqu'à trente mètres de circonférence. La vigne produit, au sud, le vin délicieux de Constance. Le figuier, le bananier, le palmier y sont indigènes. Le nord et le sud offrent des mines de fer et de cuivre, et quelques fleuves charrient de la poudre d'or ; mais l'industrie n'a tiré qu'un faible parti de ces richesses.

Les animaux carnassiers infestent ce continent. Le lion, le léopard, le tigre, l'hyène, le chacal, le rhinocéros y sont communs. Les espèces utiles y sont également nombreuses ; on y trouve des chameaux, des éléphants, des buffles, des gazelles, des girafes et plusieurs espèces de singes. Les bois des fleuves nourrissent des serpents monstrueux, des boas, des crocodiles, des hippopotames. On y trouve enfin de nombreuses variétés d'oiseaux, des espèces gigantesques, comme l'autruche, ou d'un plumage varié, comme l'aigrette et le perroquet.

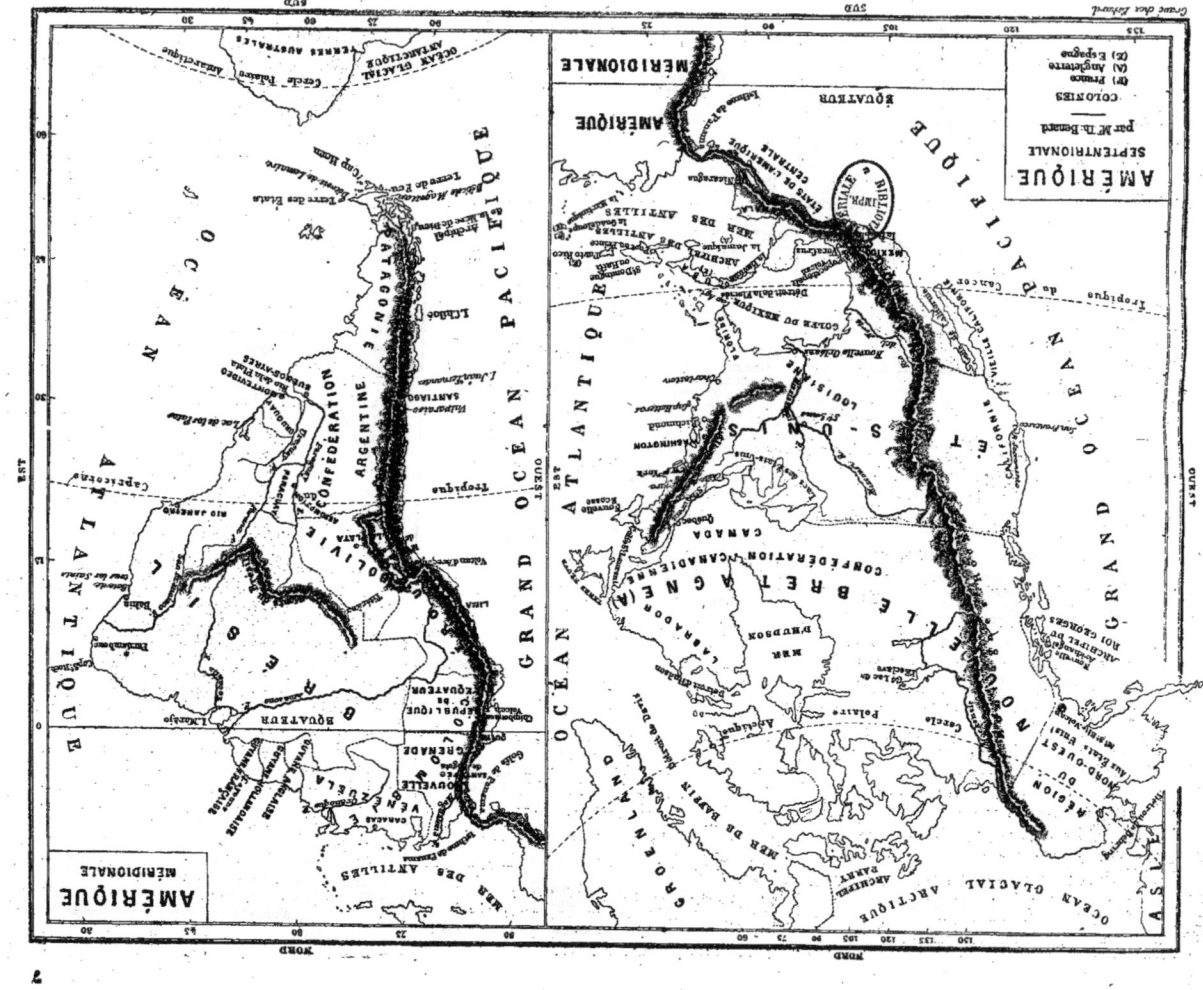

AMÉRIQUE

SITUATION. — DIVISION GÉNÉRALE (*à réciter*).

L'Amérique, découverte en 1492 par Christophe Colomb, navigateur génois, est située dans l'hémisphère opposé à l'ancien continent, et s'étend du cercle polaire arctique jusqu'au voisinage de l'autre cercle polaire. Elle se divise en deux vastes presqu'îles : l'*Amérique du nord* et l'*Amérique du sud*.

AMÉRIQUE DU NORD OU SEPTENTRIONALE

CONTRÉES.

On distingue six divisions politiques dans l'Amérique septentrionale, savoir :

Une au nord : la *Nouvelle-Bretagne*, qui renferme la *Confédération canadienne*;

Deux au milieu : les *États-Unis* et le *Mexique*;

Et trois au sud : l'*Amérique centrale*, *Haïti*, et les *Antilles européennes*.

QUESTIONNAIRE.

LIMITES. — MERS. — GOLFES. — DÉTROITS.

Quelles sont les trois grandes mers qui baignent l'Amérique septentrionale au nord, à l'est et à l'ouest?
Quelle est la petite mer qui la baigne au sud?
Par quel océan cette dernière mer est-elle formée?
Rappelez l'isthme qui complète la limite du sud.
Indiquez vers le nord-est deux autres petites mers.
Indiquez deux golfes dans l'Océan atlantique.
Indiquez un golfe dans l'Océan pacifique.
Quel détroit fait communiquer l'Océan atlantique avec la mer de Baffin?
Quel détroit unit le même Océan avec la mer d'Hudson?
Indiquez un détroit au sud des États-Unis.
Quelles parties de la mer fait-il communiquer?
Quel détroit fait communiquer l'Océan glacial arctique avec l'Océan pacifique?

ARCHIPELS. — ILES. — PRESQU'ILES. — CAPS.

Nommez un archipel de l'Océan glacial arctique.
Rappelez un archipel au sud des États-Unis.
Quel archipel est situé dans l'Océan pacifique?
Rappelez une grande terre (ou *île*) du nord-est.
Indiquez une autre île de l'Océan atlantique. — T.-N.
Nommez deux presqu'îles au voisinage. — La L. — et la N.-É.
Nommez dans le même Océan une presqu'île au sud des États-Unis. — La F.
Nommez une presqu'île dans l'Océan pacifique. — La V. C.
Nommez deux caps dans l'Océan atlantique.

MONTAGNES. — FLEUVES. — LACS.

Quelles sont les principales chaînes de l'Amérique du Nord?
Indiquez deux volcans (au nord-ouest et vers le sud).
Quel fleuve se rend dans l'Océan glacial?
Quel fleuve se rend dans le golfe Saint-Laurent? d'où sort-il? — Le fleuve St-L., qui sort des lacs des E.-U.
Que remarque-t-on entre deux de ces lacs? — La Ch. du N.

Nommez deux affluents du Mississipi dans les États-Unis.
Quel fleuve se jette dans l'Océan pacifique?
Indiquez deux lacs (au nord et au sud).

DIVISIONS POLITIQUES. — VILLES PRINCIPALES.

Quelle est la ville principale de la confédération Canadienne?
Quelle est la capitale des États-Unis? — W.
Indiquez une ville principale des États-Unis.
Indiquez trois États de cette contrée.
Indiquez dans l'archipel du Roi-Georges la capitale de la Région du nord-ouest, qui est aux États-Unis. — La N.-A.
Quelle est la capitale du Mexique?
Indiquez trois villes principales de cet État.
Quel est le principal État de l'Amérique centrale? — Le G.
Quelle est la capitale de Haïti ou St-Domingue, État formé de l'une des Antilles? — P.-au-P.
Quelle est la capitale de Cuba? — La H.
Nommez d'autres îles de cet archipel.

AMÉRIQUE DU SUD OU MÉRIDIONALE

On divise l'Amérique du sud en douze contrées, savoir :

Quatre au nord : la *Nouvelle-Grenade*, le *Vénézuéla*, la *République de l'Équateur*, et la *Guyane*, qui comprend une partie française, une partie anglaise et une partie hollandaise;

Trois au milieu : le *Pérou*, la *Bolivie* et le *Brésil*;

Cinq au sud : le *Chili*, la *Confédération argentine*, le *Paraguay*, l'*Uruguay* et la *Patagonie*.

QUESTIONNAIRE.

LIMITES ET MERS. — GOLFES. — DÉTROITS. — CAPS.

Nommez les grandes mers qui baignent l'Amérique méridionale à l'est et à l'ouest.
Quelles sont ses limites au nord?
Indiquez un golfe au nord-ouest et une baie à l'est.
Quelles terres récemment découvertes sont situées au sud, au delà de ce continent? — Les T. A.
Nommez l'Océan qui les entoure.
Nommez deux détroits au sud de l'Amérique.
Nommez deux caps au sud et à l'est.

ILES. — MONTAGNES. — FLEUVES. — LACS.

Nommez un archipel de l'Océan pacifique.
Nommez deux îles du même Océan.
Nommez une île de l'Océan atlantique, près de l'équateur. — L'île M.
Indiquez deux îles du sud, qualifiées de terres.
Nommez deux chaînes de montagnes.
Nommez deux volcans près de la côte de l'ouest.
Nommez la plus haute montagne du continent américain. — Le mont N. de S.
Quel fleuve se jette dans la mer des Antilles?
Quels sont ceux qui débouchent dans l'Océan atlantique? — L'O. — l'A.; — le T.; — le S. F. — et la R. de la P.
Nommez un lac du Brésil.

VILLES PRINCIPALES.

Quelle est la capitale de la république de la Nouvelle-Grenade?

Quelle est la capitale de la république de Vénézuéla?
De la république de l'Équateur?
De la Guyane française?
De la république du Pérou?
De la république de Bolivie?
De l'empire du Brésil?
De la république du Chili?
Indiquez une ville principale du Chili.
Indiquez la capitale de la Confédération argentine.
De la république du Paraguay.
De la république de l'Uruguay.

POSSESSIONS EUROPÉENNES (*à réciter*).

La France possède : la Martinique et la Guadeloupe aux Antilles, et une partie de la Guyane.

Les possessions anglaises sont : la Confédération canadienne, avec l'île de Terre-Neuve, et la plupart des terres du Nord; quelques-unes des Antilles, et une partie de la Guyane.

L'Espagne possède Cuba et Porto-Rico aux Antilles;

Le Danemark possède une partie du Groënland et quelques colonies aux Antilles.

La Hollande occupe aussi quelques-unes des Antilles et une partie de la Guyane.

PRODUCTIONS.

Les espèces d'animaux domestiques sont multipliées en Amérique. Les contrées septentrionales renferment des rennes, des castors, des hermines, des martes, dont les chaudes fourrures forment l'objet d'un commerce important. Les régions tropicales sont habitées par le lama, par la vigogne dont la laine sert à fabriquer de très-beaux draps, par des espèces innombrables de singes et d'oiseaux ; mais elles sont infestées par des reptiles effroyables.

Parmi les plantes indigènes, on peut citer le magnifique magnolia, l'acacia, le bananier, l'igname, le cactus sur lequel vit la cochenille, insecte précieux pour la teinture. On y cultive aussi le caféyer, la canne à sucre, l'indigotier et presque toutes les céréales d'Europe, qui y ont été importées par la colonisation. Toute la végétation est forte et puissante entre les tropiques. Elle présente des palmiers gigantesques, de grands arbustes herbacés et une foule de plantes médicinales, le quinquina, l'agave, le piment, le jalap.

Le règne minéral y est d'une richesse inépuisable. Le Mexique, le Pérou et la Californie renferment des mines d'or et d'argent, les plus riches du globe. Dans les contrées du nord on trouve du fer et des carrières de houille ; dans le Brésil des diamants et des topazes. Le platine est plus abondant que dans l'ancien continent, et le cuivre, le mercure, l'étain, le soufre, le marbre sont l'objet d'une productive exploitation.

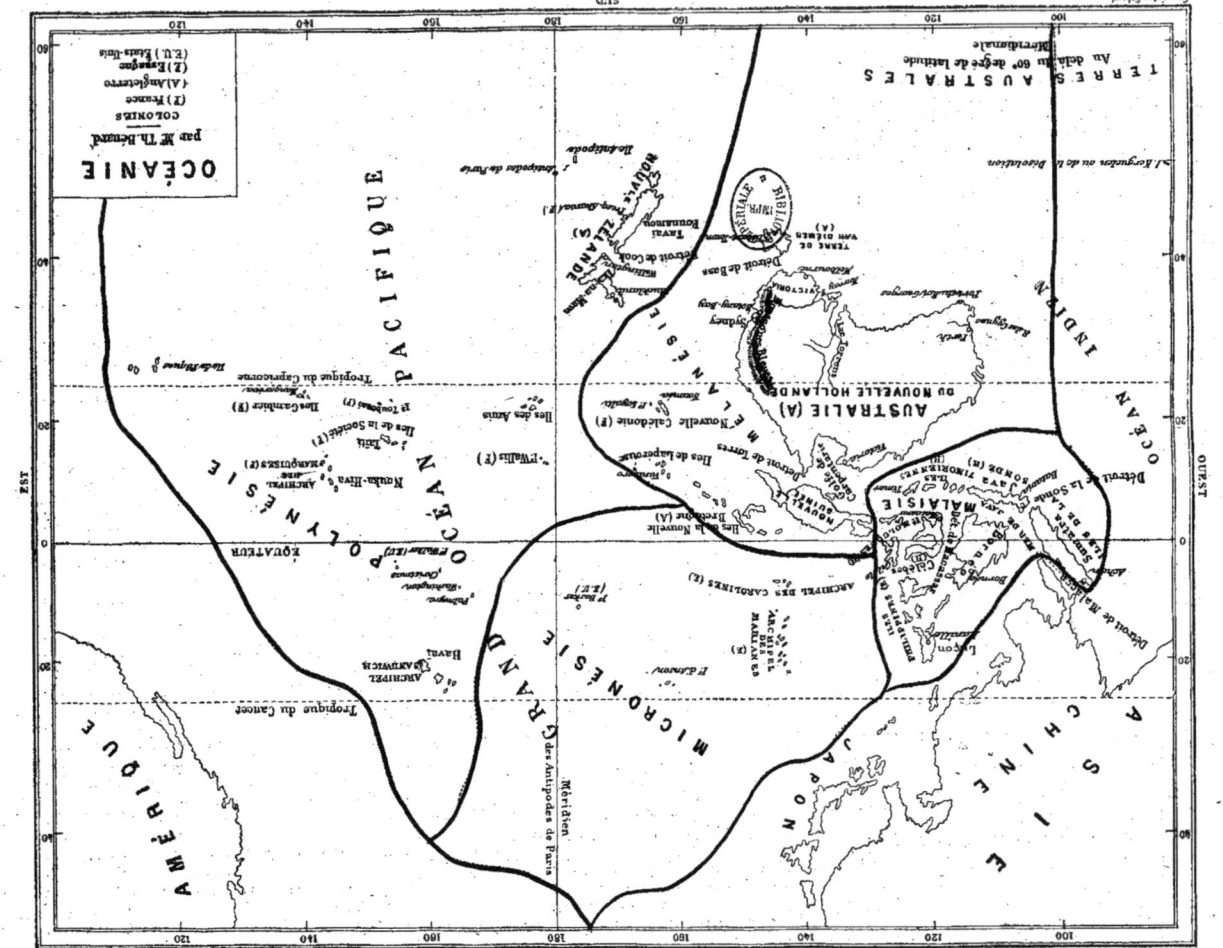

OCÉANIE

VUE GÉNÉRALE (à réciter).

On donne le nom d'*Océanie* (*Monde maritime*) à un amas d'îles qui sont situées dans l'Océan pacifique, à l'est de l'Asie, et dont la plus considérable appelée *Australie* peut mériter par son étendue la dénomination de continent. Les anciens ne connurent aucune partie de l'Océanie; les Portugais y pénétrèrent les premiers, en 1510; les Hollandais découvrirent la terre principale au commencement du XVIIe siècle, ce qui lui a fait donner longtemps le nom de Nouvelle-Hollande; enfin, plusieurs voyageurs ont exploré avec succès tous ces vastes archipels.

L'Australie, avec ses profondes forêts et ses solitudes, présente un aspect général de tristesse et de monotonie; mais le reste de l'Océanie offre une grande variété. La température y est généralement douce; les montagnes de l'intérieur des îles et les brises de mer rafraîchissent l'air dans les parties situées sous l'équateur. L'Océan Pacifique, dont le nom exprime si bien la douce tranquillité, baigne les bords de ces îles. Une verdure sans cesse renouvelée, des sources jaillissantes, des ombrages délicieux y multiplient les sites; mais l'abord en est embarrassé par des écueils, des bas-fonds et de redoutables bancs de récifs.

DIVISIONS.

On distingue dans l'Océanie quatre divisions où sont groupés ses nombreux archipels, savoir:
Deux à l'ouest, la *Malaisie* et la *Mélanésie*;
Une à l'est, la *Polynésie*;
Et une au nord, la *Micronésie*.

QUESTIONNAIRE.

MERS ET GOLFES.

Dans quelle grande mer sont situées toutes les parties de l'Océanie?
Quelle autre grande mer trouve-t-on à l'ouest?
Quelle partie du monde est située à l'est?
Quelle est celle qui est située à l'ouest?
Indiquez, dans la Malaisie, une petite mer formée par l'Océan pacifique.
Indiquez un golfe au nord de l'Australie.

MALAISIE.

Archipels. — Quels sont les principaux archipels qui forment la Malaisie? — Les îles P.; — les îles de la S.; — les îles M. — et les îles T.
Quelle est l'île principale de l'archipel des Philippines?
Quelle est la capitale de cette île?
A quel État de l'Europe appartient cet archipel?
Nommez les deux îles principales de l'archipel de la Sonde. — S. — et J.
Quelle ville remarque-t-on dans la première?
Quelle est la capitale de la seconde?
Quel est le détroit qui sépare ces deux îles?
Quel autre détroit trouve-t-on près de la côte d'Asie?
Quel État de l'Europe a colonisé ces îles?
A quel État appartiennent les îles Moluques?
Parmi les îles Timoriennes, indiquez celle qui a donné son nom au groupe.
Iles. — Indiquez au milieu de la Malaisie trois îles indépendantes des archipels précédents. — B. — C. — et G.
Quelle ville remarque-t-on dans la première?
Quelle ville remarque-t-on dans la seconde?
A quel État appartient celle-ci?
Quel détroit sépare ces deux îles?

MÉLANÉSIE.

Quelle est la partie la plus remarquable de la Mélanésie? — L'A. appelée autrefois N.-H.
Quelle chaîne de montagnes renferme-t-elle?
Quel fleuve a sa source dans ces montagnes?
Nommez une rivière qui coule à l'ouest.
Nommez un lac qui s'écoule vers le sud.
Nommez une province du sud. — La province V.
Quelle est la capitale de toute l'Australie?
Quelles sont ses villes principales?
A quelle nation appartient-elle?
Quelle île trouve-t-on au sud? — La terre de V. D.
Nommez sa capitale.
Nommez le détroit qui la sépare de l'Australie.
Indiquez une grande île au nord de l'Australie.
Quel détroit trouve-t-on entre ces deux terres?
Indiquez un archipel voisin. — Les îles de la N.-B.
A quelle nation ces îles appartiennent-elles?
Nommez le groupe situé au sud-est de cet archipel. — Les îles de L.
Indiquez une île de ce groupe, où périt le navigateur français Lapérouse. — V.
Indiquez au sud une île voisine de l'équateur. — La N.-C.
Quelle est sa ville principale? — N.
Nommez deux petites îles voisines. — Les îles L.
A quelle puissance appartient le groupe entier?

POLYNÉSIE.

Quel est le groupe le plus remarquable de la Polynésie? — La N.-Z.
A quelle puissance appartiennent ces îles?
Nommez l'île septentrionale de ce groupe.
Quelles villes renferme-t-elle?
Nommez l'île méridionale.
Quelle ville y remarque-t-on?
Nommez une petite presqu'île à l'est, colonisée par la France. — La presqu'île A.
Quel détroit sépare les deux îles de la Nouvelle-Zélande?
Indiquez une petite île au sud-est. — L'île A.
Parmi les autres archipels de la Polynésie, indiquez ceux qui appartiennent à la France ou qui sont sous son protectorat (de l'est à l'ouest). — L'archipel des M. — Les îles G. — Les îles de la S. — Les îles T. — Les îles W.
Indiquez l'île principale de l'archipel des Marquises.
Indiquez l'île principale dans le groupe de Gambier.
Indiquez l'île principale dans le groupe de la Société.
Indiquez un archipel indépendant au nord. — L'archipel S.
Quelle est l'île principale?
Indiquez, au sud de l'archipel Sandwich, des îles qui appartiennent aux États-Unis. — Was. et les îles Wal.
Nommez un dernier groupe au centre. — Les îles des A.

MICRONÉSIE.

Quels sont les principaux archipels de la Micronésie?
A quel État appartiennent-ils?
Nommez deux petits groupes.
A quelle puissance appartiennent les îles Basker?

PRODUCTIONS (à réciter).

Il est peu d'animaux et de végétaux communs à ces nombreux archipels. La Malaisie produit abondamment le riz, le maïs, la canne à sucre, le camphre, le benjoin, la cannelle, le poivre et presque toutes sortes d'épiceries et de plantes aromatiques. L'Australie est fertile en grands arbres; mais on n'y trouve presque aucun végétal indigène propre à la nourriture de l'homme. Les fruits sont durs et sans saveur, et l'on a dû cultiver ceux des autres parties du monde. Les îles de la Polynésie, au contraire, abondent en productions délicieuses; le cocotier, l'arbre à pain, le bananier, l'igname, les patates y croissent à profusion.

On trouve dans la Malaisie à peu près tous les animaux du sud de l'Asie, l'éléphant, le rhinocéros, l'hippopotame, le tigre, l'ours, le sanglier, le buffle, le cheval. Les fleuves y nourrissent de nombreux crocodiles, et les marécages sont infestés par le redoutable serpent, le boa constrictor. Les espèces de l'Australie se distinguent presque toutes par leurs formes singulières, et ne sont généralement d'aucune utilité pour l'homme. Les plus remarquables sont le kanguroo, l'ornithorynque, dont le museau a la forme d'un bec de canard; le casoar, oiseau qui a des soies au lieu de plumage, le ménure dont la queue affecte la forme d'une lyre, et une foule d'autres inconnues dans nos continents.

La Malaisie est la partie de l'Océanie dont on connaît le mieux les productions naturelles. On y trouve de l'or, du fer, du cuivre, de l'étain et des diamants. L'Australie possède aussi d'inépuisables mines d'or.

Parmi les navigateurs qui ont découvert ou visité ces archipels, on doit citer l'Anglais Cook, qui fit trois voyages pleins d'intérêt autour du monde, et les Français Bougainville, Lapérouse et Dumont-d'Urville, dont les explorations savantes ont étendu nos connaissances sur l'Océanie.

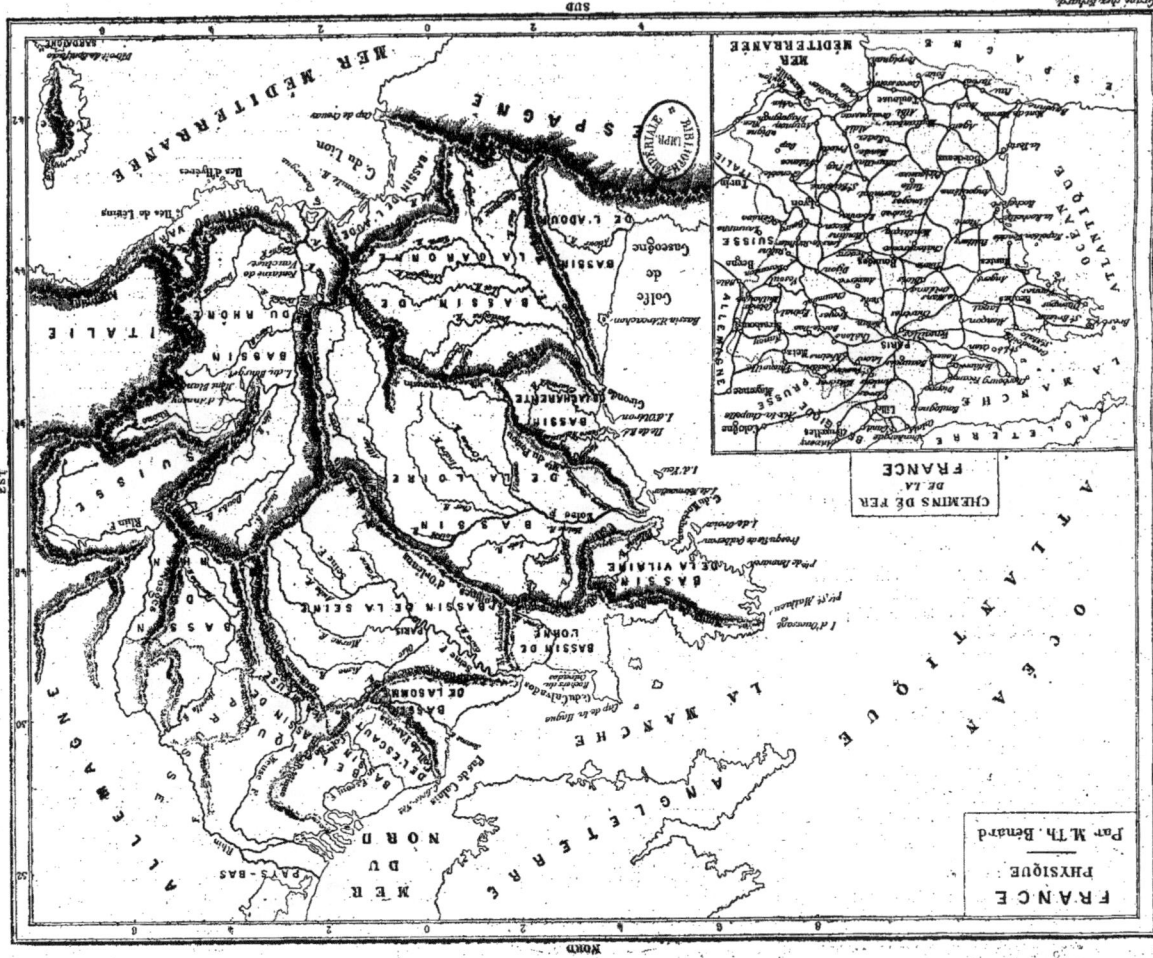

FRANCE PHYSIQUE

QUESTIONNAIRE.

Rappelez les mers qui baignent la France.
Quels sont les golfes formés par ces mers?
Quels sont les détroits et les passages qu'on y trouve? — Le P. de C. — Le détroit de B. (*au sud de la Corse*).
Indiquez les caps et pointes.
Indiquez les presqu'îles.
Indiquez les îles.

DES BASSINS SECONDAIRES (*à réciter*).

Les cinq grands bassins où sont classés tous les départements, comprennent des bassins secondaires arrosés par des fleuves ou des rivières d'un cours moins étendu que le fleuve principal.

Au bassin du *Rhin* se rattachent deux bassins secondaires : celui de la *Meuse* et celui de l'*Escaut* (1).
Au bassin de la *Seine* se rattachent deux bassins secondaires : celui de la *Somme* et celui de l'*Orne*.
Au bassin de la *Loire* se rattache le bassin secondaire de la *Vilaine*.
Au bassin de la *Garonne* se rattachent deux bassins secondaires : celui de la *Charente* et celui de l'*Adour*.
Au bassin du *Rhône* se rattachent deux bassins secondaires : celui de l'*Aude* et celui du *Var*.

Pour distinguer les différents bassins, il faut considérer leur *ceinture*, c'est-à-dire les chaînes de montagnes ou les suites de collines qui les entourent.

QUESTIONNAIRE.

RHIN. — MEUSE. — ESCAUT.

Quelle est, en France, la ceinture du bassin du Rhin? — Les Vo. Mér. — Les monts F. — Les Ar. Or.
Quelle est la ceinture du bassin de la Meuse? — Les Ar. Or. ; — les monts F. ; — les Ar. Occ. ; — et les coll. de B.
Quelle est la ceinture du bassin de l'Escaut? — Les coll. de B. et les coll. de l'Art.

SEINE. — SOMME. — ORNE.

Quelle est la ceinture du bassin de la Seine? — Les coll. de Pi. ; — les Ard. Occ. ; — la côte d'O. ; — les monts du M. ; — les coll. d'O. ; — et les coll. du Lieuvin.
Indiquez la ceinture du bassin secondaire de la Somme. — Les coll. de B. ; — le l'A. ; — et les coll. de P.
Indiquez la ceinture du bassin secondaire de l'Orne. — Les coll. du L. ; — les coll. de N. ; — et les monts de B.

LOIRE. — VILAINE.

Quelle est la ceinture du bassin de la Loire? — Les coll. du Mai. ; — les coll. de N. ; — les coll. d'O. ; — les monts du M. ; — les C. S. ; — les monts d'A. ; — les monts du L. ; — et les monts du Po.

(1) Le bassin du Rhin s'étend à l'est sur l'Allemagne; mais il ne s'agit ici que de la partie française.

Quelle est la ceinture du bassin secondaire de la Vilaine? — Les monts de B. ; — et les coll. du M.

GARONNE. — CHARENTE. — ADOUR.

Quelle est la ceinture du bassin de la Garonne? — Les coll. du Pé. ; — les monts du L. ; — les monts d'A. ; — les C. Mér. ; — les Co. ; — les P. ; — et les monts du B.
Indiquez la ceinture du bassin de la Charente. — Les monts du Po. ; — et les coll. du Pé.
Indiquez la ceinture du bassin de l'Adour. — Les monts du B. ; — et les P.

RHÔNE. — AUDE. — VAR.

Quelle est la ceinture du bassin du Rhône? — Les Al. de Pr. ; — la chaîne des Al. ; — le J. ; — les monts F. ; — la côte d'O. ; — et les C. S.
Quelle est la ceinture du bassin secondaire de l'Aude? — Les Py. ; — les Co. ; — et les C. Mér.
Quelle est la ceinture du bassin secondaire du Var? — Les Al. de Pr. — et la chaîne des Al.

Parmi les chaînes déjà nommées, indiquez celles qui donnent leurs noms à des départements. — Les Ard. ; — la côte d'O. ; — les V. ; — le J. ; — les Al. ; — et les Py.
Indiquez d'autres montagnes ou sommets qui donnent leurs noms à des départements. — Le P. de D. — le C. ; — et la L.

FLEUVES. — RIVIÈRES. — LACS.

Rappelez les fleuves qui donnent leurs noms aux cinq bassins principaux.
Indiquez une rivière qui se jette dans le Rhin.
Quel est l'affluent qu'elle reçoit?
Nommez trois affluents de la Seine à droite. ; — l'Au. ; — la M. ; — et l'O.
Quel sous-affluent se jette dans l'Oise?
Nommez deux affluents de la Seine à gauche.
Quels sont les affluents de la Loire à droite? — La N. ; — et la Mai.
Nommez les trois rivières qui forment cette dernière. La M. ; — la S. ; — et le L.
Quels sont les affluents de gauche de la Loire? — L'A. ; — le C. ; — l'I. ; — la V. — et la S.-N.
Nommez un affluent de la Vienne.
Nommez la rivière qui se réunit à la Garonne pour former la Gironde.
Nommez un affluent et un sous-affluent de cette rivière. La Ve. , qui reçoit la Co.
Nommez trois rivières qui se jettent dans la Garonne à droite. — L'Ar. ; — le T. ; — et le L.
Nommez le sous-affluent du Tarn.
Nommez un affluent de la Garonne à gauche.
Quels sont les affluents du Rhône (rive droite)? — L'A. ; — la S. ; — l'Ar. ; — et le G.
Quel est le sous-affluent de la Saône?
Quels sont les affluents du Rhône (rive gauche)? — L'I. ; — la Dr. ; — et la Du.

Rappelez les neuf fleuves ou rivières qui donnent leurs noms aux bassins secondaires.
Indiquez, dans le bassin de la Charente, une autre rivière et son affluent. — La S.-N. qui reçoit la V.
Indiquez, dans le bassin de l'Aude, une autre rivière importante. — L'H.
Indiquez deux lacs dans le bassin du Rhône.
Indiquez une particularité remarquable dans le même bassin. — La fontaine de V.

CHEMINS DE FER (*à réciter*).

Parmi les chemins de fer qui couvrent la France, il faut distinguer des lignes principales, des lignes secondaires et de simples tronçons.

Les **lignes principales** partent pour la plupart de Paris, qui est leur centre commun, et se dirigent vers les ports ou vers les villes frontières dont les relations avec l'extérieur sont les plus actives. Elles forment six groupes dont le détail suit :

NORD. — Le groupe du Nord comprend la ligne sur Boulogne, station principale des paquebots pour l'Angleterre; celle d'Arras et Lille vers la Belgique, et celle des Ardennes vers la Prusse.

EST. — Le groupe de l'Est comprend la ligne sur Strasbourg, qui communique avec les chemins allemands, et celle de Mulhouse avec la Suisse.

LYON ET MÉDITERRANÉE. — Ce groupe est formé de deux voies centrales qui se réunissent à Lyon, puis se divisent de nouveau pour se diriger d'un côté sur Turin et la haute Italie, et de l'autre sur le littoral du golfe de Gênes, principalement sur Marseille, centre de nos relations avec tous les ports de la Méditerranée.

ORLÉANS ET CENTRE. — La ligne de Paris à Orléans se divise, dans cette dernière ville, en deux voies dont l'une se prolonge par le centre jusqu'à Toulouse, tandis que l'autre se dirige sur Tours et Bordeaux.

MIDI. — Ce groupe est formé d'une grande ligne qui va de Bordeaux à Toulouse et Cette, et qui communique avec l'Espagne par des embranchements sur Bayonne et sur Perpignan.

OUEST. — Ce réseau comprend les lignes du Havre et de Brest, avec des embranchements qui desservent les autres ports nombreux de l'Océan et de la Manche.

Il n'y a pas lieu d'insister sur les *lignes secondaires* et les simples *tronçons*. Les unes sont des voies de communication restreintes à un petit nombre de départements, qu'elles mettent en rapport; les autres sont établies dans l'intérêt de quelques grandes exploitations locales, pour faciliter l'apport des matières premières ou l'écoulement des produits.

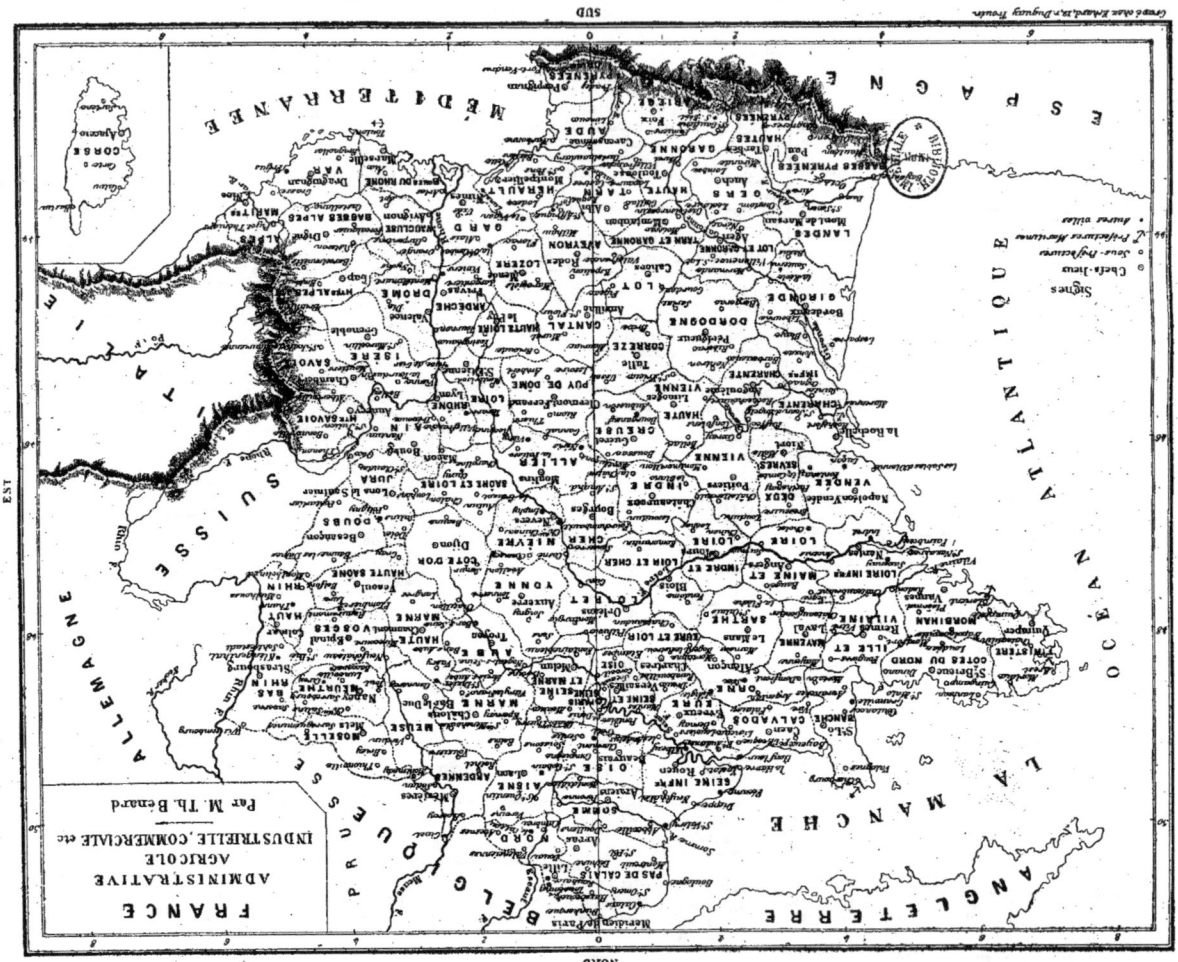

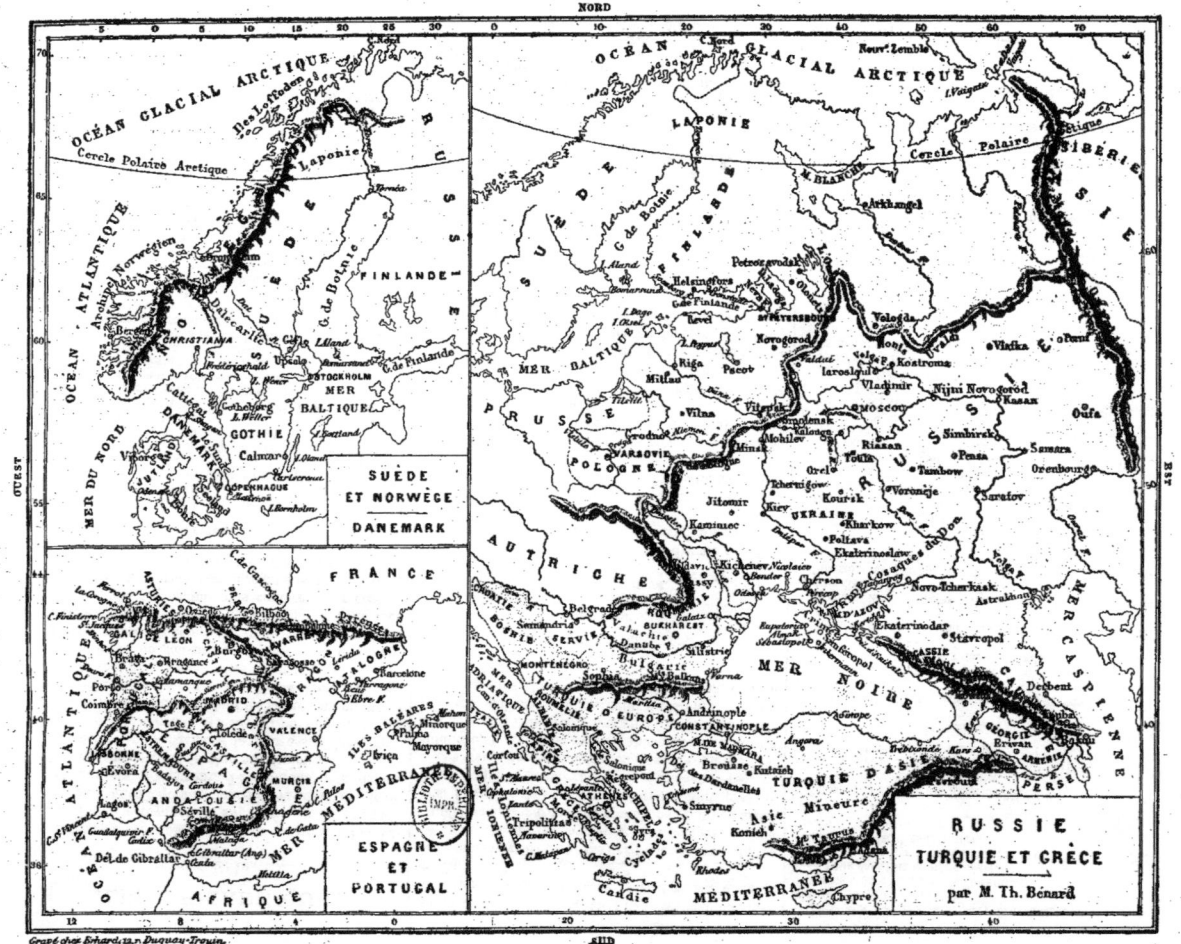

ILES BRITANNIQUES

NOTIONS GÉNÉRALES.

L'archipel britannique, situé au nord-ouest de l'Europe, forme le royaume d'*Angleterre* ou de *Grande-Bretagne*, dans lequel le pouvoir souverain est tempéré par un Parlement. La Couronne, à défaut d'héritiers mâles, est dévolue aux femmes.

Le parlement se compose de deux assemblées appelées *Chambres*, celle des *Lords*, ou seigneurs, qui représente la noblesse et dont les sièges sont en majorité héréditaires, et celle des *Communes*, dont les députés sont élus par les villes et les bourgs.

Cette forme de gouvernement, basée sur une constitution, a été adoptée, sauf quelques modifications, dans la plupart des États de l'Europe et dans tous ceux d'Amérique, comme plus conforme aux besoins des peuples modernes que le régime en vigueur dans les États d'Orient, où l'autorité est sans bornes.

QUESTIONNAIRE.

Quelles sont les mers qui baignent l'archipel britannique à l'ouest, à l'est et au sud?
Indiquez une petite mer située au milieu.
Rappelez le détroit qui sépare l'Angleterre de la France.
Quels autres détroits qui portent le nom de canal.
Quels golfes trouve-t-on sur les côtes?
Indiquez trois groupes d'îles au nord et au nord-ouest.
Quels sont les principaux caps?
Nommez un groupe de petites îles au sud-ouest.
Nommez une île très-voisine de la côte sud.
Deux îles dans la mer d'Irlande.
Trois îles voisines de la France.
Rappelez le nom de la grande île située à l'est. — La G.-B.
Quelles sont ses deux divisions principales? — La principauté ou le comté de G.
Indiquez une petite division de l'Angleterre.
Rappelez le nom de l'autre île principale, située à l'ouest.
Quelles sont les montagnes qui séparent l'Angleterre de l'Écosse? — Les monts Ch.
Quelles sont celles qui parcourent l'Écosse?
Quels sont les principaux fleuves de l'Angleterre, et dans quelles mers se rendent-ils?
Indiquez de même ceux de l'Écosse.
Celles du midi.
Celles du nord.
Nommez la capitale et les principales villes de l'Écosse.
Rappelez la capitale de l'Angleterre.
Nommez quelques villes principales du sud.
Indiquez celui qui arrose l'Irlande.
Nommez la capitale et les principales villes de l'Irlande.

INDUSTRIE ET COMMERCE.

L'Angleterre est aujourd'hui le pays le plus industrieux et le plus commerçant du monde. Plus de 300,000 ouvriers sont occupés dans ses manufactures de coton, de laine, de soieries et dans ses filatures de lin.

La classe agricole et celle des mineurs forment près de la moitié de la population. On compte plus de 30,000 navires marchands, montés par 200,000 matelots. Les villes de l'empire Britannique sont, presque sans exception, commerçantes et manufacturières.

Les voies de communication dont l'Angleterre est sillonnée, y facilitant considérablement le commerce soit intérieur, soit avec l'étranger. Quoique son territoire soit moins étendu que celui de la France, elle a beaucoup plus de grandes routes, de canaux et de chemins de fer.

ITALIE.

SITUATION. DIVISION.

L'Italie, située dans la région méridionale de l'Europe, comprend les *États de l'Église* ou *État Pontifical*, et le *royaume d'Italie*.

L'É. *at Pontifical*, dans l'Italie centrale, est placé sous la souveraineté du Pape, chef de l'Église catholique.

Le royaume d'*Italie* est une monarchie tempérée par des assemblées législatives : un sénat et une chambre des représentants.

Cet État est formé d'un territoire continental et de deux grandes îles de la mer Méditerranée.

Le territoire continental, qui est une grande péninsule, renferme plusieurs divisions dont les principales sont : au nord, le *Piémont*, la *Lombardie*, la *Vénétie* et l'*Émilie*; au milieu la *Romagne*, la *Toscane*, l'*Ombrie*, et les *Abruzzes*; au sud la *Campanie*, la *Pouille* et la *Calabre*.

QUESTIONNAIRE.

Quelles sont les mers qui baignent l'Italie, à l'est, à l'ouest et au sud?
Indiquez les golfes de la côte occidentale.
Nommez deux grandes îles de la mer Méditerranée.
Indiquez une île entre le golfe de Gênes et la mer Tyrrhénienne ou de Toscane.
Indiquez les côtes voisines de la Sicile.
Indiquez un canal ou détroit au sud de la mer Adriatique.
Nommez le détroit situé entre la Sicile et l'Italie.
Nommez celui qui est au nord de la Sardaigne.
Nommez la grande chaîne de montagnes qui couvre le nord de l'Italie, avec ses divisions générales.
Nommez celle qui parcourt toute la péninsule.

Quels sont les deux principaux fleuves de l'Italie septentrionale? — le P. — et l'Ad.
Nommez-en deux dans l'Italie centrale.
Deux dans l'Italie méridionale.
Indiquez trois îles dont les eaux vont se déverser dans le Pô.
Indiquez un lac dans le centre.
Rappelez la capitale des États de l'Église? — R.
Nommez le principal port de mer.
Nommez deux autres ports moins importants.
Nommez deux villes de l'intérieur.
Quels sont les États qui limitent l'Italie au nord? — La F. — La S. — et l'A.
Rappelez la capitale du royaume d'Italie? — F.
Nommez les principales villes et un village célèbre du Piémont. — T. — A. — M.
Nommez un port de mer important au sud du Piémont. — G.
Nommez les principales villes et les lieux célèbres de la Lombardie. — Mi. — Man. — Pa. — Ma. — S. Vendée. — Ven. — Ver. — P. — Vi. — T.
Nommez les deux principales villes de l'Émilie. — F. Pl.
Nommez les principales villes de la Romagne. — B. — et R.
Nommez les principales villes de la Romagne, outre Florence, les principales villes de la Toscane? — Lu. — P. — Li. — S.
Citez deux villes de l'Ombrie. — Sp. — Pér.
Indiquez un port militaire sur la mer Adriatique. — An.
Indiquez une ville des Abruzzes. — A.
Quelles sont les principales villes de la Campanie? — N. — C. — B. — S. — G.
Indiquez les villes et les lieux célèbres de la Pouille. — C. — B. — Br. — T. — O.
De même dans la Sicile.
De même dans la Sardaigne.

INDUSTRIE ET COMMERCE.

L'industrie est en général moins active en Italie que dans beaucoup d'autres parties de l'Europe; cependant il s'y trouve quelques villes qui rivalisent sous ce rapport avec celles des contrées voisines. Les produits les plus importants sont les soieries et les draps du Piémont et de la Lombardie, les instruments de musique, les mosaïques, les objets d'art, les pâtes alimentaires de Naples, de Rome et de Florence.

Le commerce extérieur, quoique fort déchu de l'état prospère où il s'était élevé pendant le moyen âge dans les républiques de Venise, de Gênes et de Pise, est encore assez étendu, grâce au vaste réseau de chemins de fer qui couvrent le nord de l'Italie et aux ports nombreux de la partie péninsulaire.

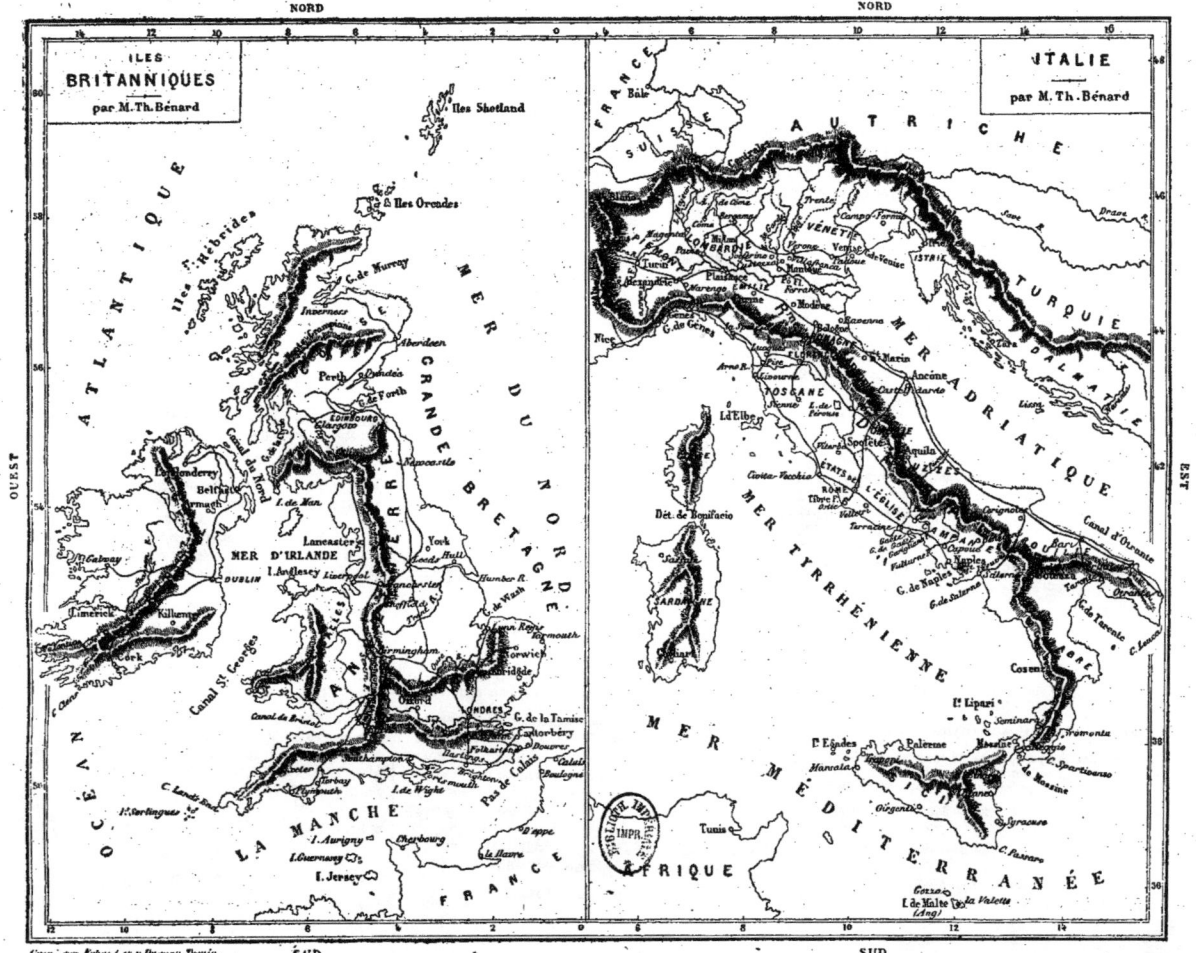

EUROPE CENTRALE

DIVISION GÉNÉRALE.

La région moyenne de l'Europe comprend, outre la France, trois divisions, dont la plus importante renferme les États allemands, et peut être appelée Europe centrale; puis les Pays-Bas ou la Hollande et la Belgique, qui occupent le bassin inférieur du Rhin; et la Suisse, située dans le bassin supérieur de ce fleuve. Les États allemands embrassent la Prusse, l'Allemagne du Nord, l'Allemagne du Sud et l'Autriche.

PRUSSE.

Le royaume de Prusse, qui s'étend du Rhin jusqu'au Niémen, entre la France et la Russie, renferme onze provinces, dont quatre sont situées à l'est, quatre au milieu et trois à l'ouest.

A l'est : la Prusse propre, la Poméranie, le grand-duché de Posen et la Silésie.

Au milieu : le Sleswig-Holstein, le Hanovre, le Brandebourg et la province de Saxe.

A l'ouest : la province de Hesse-Cassel, la Westphalie, et la province Rhénane ou du Rhin.

QUESTIONNAIRE.

Quelles sont les mers qui baignent la Prusse au nord? Indiquez les fleuves qui l'arrosent. — (De l'est à l'ouest.) le N. — V. — l'O. — l'El. — le W. — l'E. — et le R. Quelle est la capitale de la Prusse propre? — St. Nommez la capitale de la Poméranie. — P. Du grand-duché de Posen. — P. De la Silésie. — B. Du Sleswig-Holstein. — K. Du Hanovre. — H. Du Brandebourg, et de tout le royaume. — B. De la province de Saxe. — Ma. De la province de Hesse-Cassel. — C. De la Westphalie. — Mu. De la province du Rhin.

ALLEMAGNE DU NORD.

Enveloppée de tous côtés par la Prusse, l'Allemagne du Nord forme une confédération de plusieurs États dont ce royaume fait partie, et dont il a la direction principale. L'assemblée des députés de tous ces États siège à Berlin.

Outre la Prusse, on compte dans la Confédération un royaume, qui est la Saxe; quatre Grands-Duchés, cinq Duchés, six Principautés et trois villes libres.

Quelle est la capitale du royaume de Saxe? — D. Nommez quelques-uns des États secondaires de l'Allemagne du Nord. — Le grand-duché de Saxe-W. — le grand-duché d'O. — Les deux grands-duchés de Meck.......... Indiquez une ville principale. — L. Rappelez les trois villes libres. — H. — et L. — Brê. — et L.

HOLLANDE OU PAYS-BAS.

Le royaume de Hollande ou des Pays-Bas, baigné par la mer du Nord, comprend onze provinces, dont cinq sont maritimes et six intérieures.

Les provinces maritimes sont : Groningue, la Frise, la Hollande septentrionale, la Hollande méridionale et la Zélande.

Les provinces intérieures sont : Over-Yssel, Gueldre, Utrecht, le Brabant septentrional, le Limbourg hollandais et le Luxembourg hollandais.

Ces États peuvent, d'après les traités, former une confédération particulière; mais ils tendent plutôt à se réunir à l'Allemagne du Nord.

Nommez un grand golfe ouvert sur la mer du Nord. Quel est le principal fleuve qui coule dans les Pays-Bas? Le R. — et le L. Nommez deux autres principales branches qu'il forme. Le W. et le L. Quel autre fleuve remarque-t-on? — La M. Rappelez la capitale des Pays-Bas et la ville la plus importante. — La H. — et A. Indiquez les principales villes du Nord. — les principales villes du milieu — les principales villes du Sud.

BELGIQUE.

Le royaume de Belgique, situé sur la mer du Nord, est divisé en neuf provinces dont deux sont maritimes et sept intérieures.

Les provinces maritimes sont la province d'Anvers et la Flandre occidentale.

Les provinces intérieures sont : la Flandre orientale, le Brabant méridional, le Hainaut, la province de Namur, celle de Liège, le Limbourg belge et le Luxembourg belge.

Nommez les principaux fleuves qui coulent en Belgique? — L'E. — la M. — et l'E. Nommez un affluent de l'Escaut. Nommez un affluent de la Meuse. Rappelez la capitale de la Belgique. Nommez les principales villes.

SUISSE.

La Suisse, située entre les Alpes et le Jura, dans le bassin supérieur du Rhin, est une république formée de vingt-deux cantons, dont les députés se réunissent à Berne en assemblée générale.

Les cantons les plus influents de la confédération Suisse sont ceux de Genève, de Neufchâtel, de Bâle, de Berne et de Fribourg, qui avoisinent la France. Ils portent les noms de leurs capitales.

Quels sont les États qui limitent la Suisse au nord, à l'est, au sud et à l'ouest?

Indiquez les principales divisions des Alpes, au sud. Quels sont les grands fleuves qui prennent naissance dans ces montagnes? — Le R. — le R. n. — et le A. — e. — Rappelez les deux principaux lacs de la Suisse. — le lac de G. — et le lac de G. Nommez deux villes situées sur le lac de Genève. Nommez deux villes baignées par le Rhin. — B. — et S. Nommez cinq villes importantes de l'intérieur. — Ber. — Fr. — Neu. — Luc. — Zur.

ALLEMAGNE DU SUD.

L'Allemagne du Sud, située dans le bassin supérieur du Danube, renferme le royaume de Bavière, celui de Wurtemberg, le grand-duché de Bade et celui de Hesse-Darmstadt.

Indiquez les principales villes du royaume de Bavière. — M. — N. — Au. Rappelez la capitale du Wurtemberg. — S. Indiquez une ville principale de ce royaume. — U. Rappelez la capitale du grand-duché de Bade. — C. Indiquez les principales villes de cet État. — R. — et C. Rappelez la capitale du grand-duché de Hesse-Darmstadt. — D. (près de la Suisse.)

AUTRICHE.

L'empire d'Autriche, situé dans le bassin moyen du Danube, comprend des pays allemands, des pays hongrois et des pays polonais.

Parmi les pays allemands on remarque l'ancien royaume de Bohême, la Moravie, l'Autriche propre, le duché de Salzbourg, la Styrie, la Carinthie et la Carniole.

Parmi les pays hongrois on peut mentionner la Croatie, la Sluvonie, la Dalmatie et la Transylvanie. Les pays polonais comprennent la Galicie, l'ancienne république de Cracovie et la Bukovine.

Quelle est la mer qui baigne les provinces méridionales de l'Autriche?

Quelles sont les îles situées dans cette mer? Quelles chaînes de montagnes trouve-t-on dans l'empire d'Autriche? — Au nord : les monts M. — les monts des C. — et les S. — Au milieu : les monts B. — et les A. — Au sud : les A. C. — et les A. J.

Indiquez le fleuve qui coule en Bohême? — L'E. Quel est le fleuve le plus considérable de l'Autriche? Le D.

Indiquez ses affluents de droite. — l'I. — La D. — la S. Indiquez ses affluents de gauche. — la T. — et l'A. — n. A. Nommez l'affluent que reçoit la Theiss. Nommez deux fleuves de la Galicie. Rappelez la capitale de l'Autriche. — V. Nommez les villes situées sur le Danube. Nommez les villes situées au nord. Indiquez celles du sud.

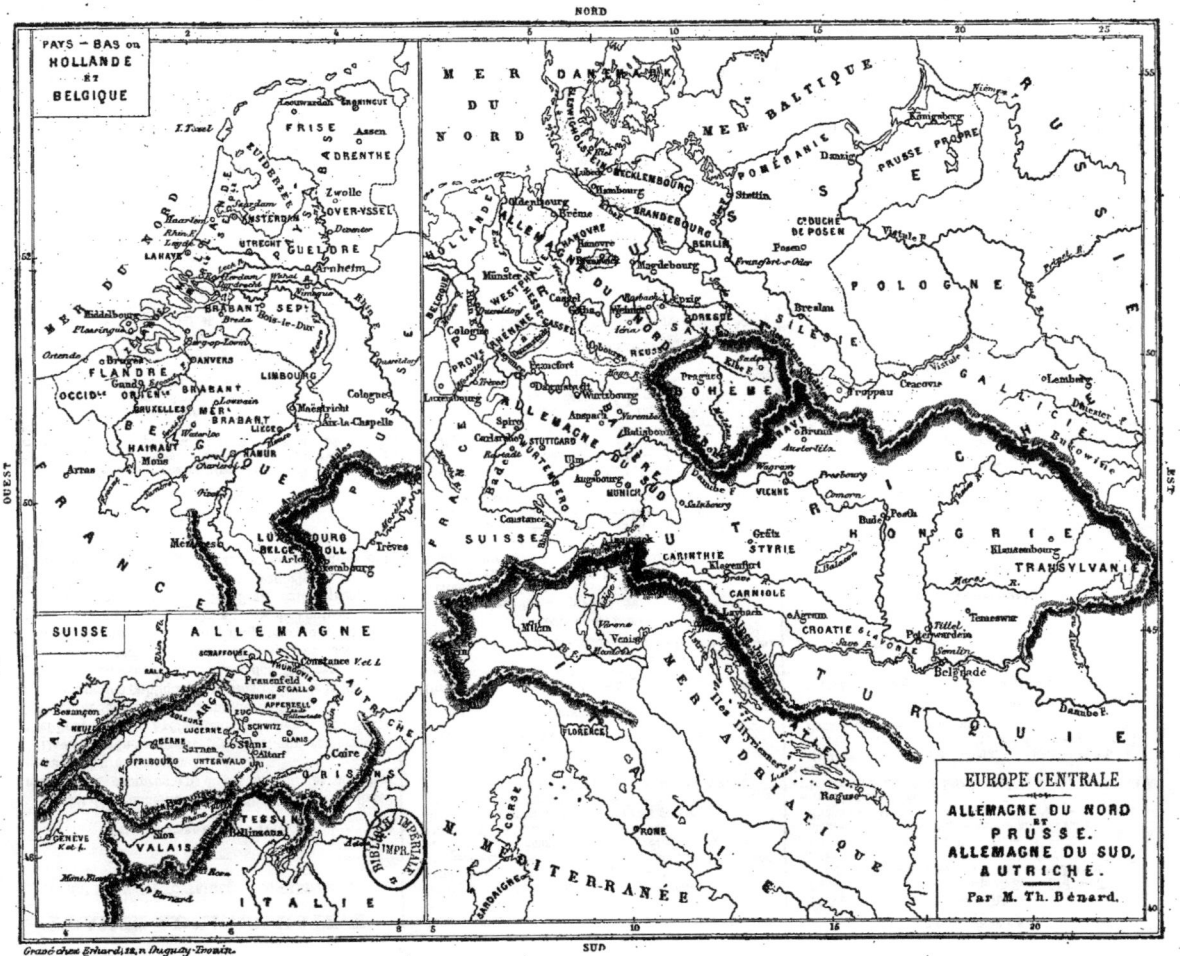

FRANCE ADMINISTRATIVE,

AGRICOLE, INDUSTRIELLE, COMMERCIALE

NOTIONS GÉNÉRALES (à réciter).

Les 89 départements sont subdivisés en arrondissements, qui comprennent divers cantons, et ces derniers plusieurs communes.

Dans l'arrondissement principal, qui renferme le chef-lieu, réside le Préfet; dans les autres, des Sous-Préfets, et dans chaque commune un Maire.

L'instruction publique, l'administration de la justice, celle de la guerre, de la marine, des finances, en un mot tous les services publics sont remplis par des fonctionnaires nommés ou par l'Empereur, ou, en son nom, par les principaux dépositaires de l'autorité.

La France, comme tous les États catholiques, est aussi divisée en diocèses, parmi lesquels on compte 17 Archevêchés et 69 Évêchés. Les autres cultes ont des Consistoires.

QUESTIONNAIRE.

BASSIN DU RHIN.

L'Élève doit rappeler chaque département, puis le chef-lieu; ajouter les sous-préfectures. — On peut négliger les autres villes et localités, dont la position est marquée sur la carte par un point noir.

1° *Départements baignés par le Rhin.*
Haut-Rhin, chef-lieu Colmar; — Sous-préfectures, B. — M. Bas-Rhin, chef-lieu Strasbourg; — Sous-préfectures, Sa. — Sch. — W.

2° *Départements situés au delà de la rive gauche.* (Continuer de même en nommant le chef-lieu.)

Vosges. — E. — Sous-préf., N. — R. — St.-D. — T. Meurthe. — N. — Sous-préf., C.-S. — T. Moselle. — Me. — Sous-préf., S. — T.

BASSIN DE LA MEUSE.

Meuse. — B.-le-D. — Sous-préf., C. — M. — V. Ardennes. — M. — Sous-préf., Re. — Ro. — S. — V.

BASSIN DE L'ESCAUT.

Nord. — L. — Sous-préf., A. — C. — Do. — D. — H. — V. Pas-de-Calais. — A. — Sous-préf., Bé. — Bo. — M. — St.-O. — St.-P.

BASSIN DE LA SEINE.

1° *Départements baignés par la Seine.*
Côte-d'Or. — D. — Sous-préf., B. — Ch. — S. — S. Aube. — T. — Sous-préf., B. — B.-s.-S. — N.-s.-S. Seine-et-Marne. — M. — Sous-préf., C. — F. — P. Eure. — E. — Sous-préf., Les A. — B. — P. — A. Seine-Inférieure. — R. — Sous-préf., D. — le H. — N. — Y.

Charente. — Charente-Inférieure. — Deux-Sèvres. — Vendée.

BASSIN DE L'ADOUR.

Hautes-Pyrénées. — Landes. — Basses-Pyrénées.

BASSIN DU RHÔNE.

1° *Départements baignés par le Rhône.*
Haute-Savoie. — A. — Sous-préf., B. — St.-J. — T. Savoie. — C. — Sous-préf., St.-M. — St.-J. de M. Ain. — B. — Sous-préf., G. — N. — T.
Isère. — G. — Sous-préf., St.-M. — La T. du P.

2° *Départements situés au delà de la rive droite.*
Rhône. — L. — Sous-préf., Ch.-r. — Ste-M. — le Franc. Marne. — C. — Sous-préf., Ep. — St.-M. — le Franc. Aisne. — L. — Sous-préf., Ch.-T. — St.-Q. — S. — V. Oise. — B. — Sous-préf., Cl. — Co. — S.
Yonne. — A. — Sous-préf., A. — S. — T. Eure-et-Loir. — C. — Sous-préf., C. — D. — N.-le-R.

3° *Départements situés au delà de la rive gauche.*
Bouches-du-Rhône. — Vaucluse. — Drôme. — Ardèche. — Rhône.

Continuer de même pour les départements à la suite :

Haute-Saône. — Doubs. — Jura. — Saône-et-Loire.

3° *Départements situés à l'est au delà de la rive droite.*
Hautes-Alpes. — Basses-Alpes.

BASSIN DE L'AUDE.

Pyrénées-Orientales. — Aude. — Hérault.

BASSIN DU VAR.

Var. — Alpes-Maritimes.

DANS LA MÉDITERRANÉE.

Corse, chef-lieu A. — Sous-préf. B. — Ca. — Co. — S.

Indiquez les cinq préfectures maritimes (marquées d'une ancre sur les côtes). — C. — B. — L. — R. — T.

NOTIONS DIVERSES.

De toutes les nations de l'Europe, la France est après l'Angleterre, le pays le plus industriel et le plus commerçant. Des divers produits du sol, elle exporte le vin, l'eau-de-vie, le vinaigre, l'huile, les graisses, les fruits et le sel; parmi les produits de son industrie: les étoffes de soie et de laine, la bonneterie, les tapis-series, les toiles, les dentelles, les papiers blancs et de teinture, les caractères d'imprimerie, la bijouterie, l'horlogerie, l'ébénisterie, les porcelaines, les glaces, les objets d'art, en un mot tous les articles de luxe à l'infini.

Après Paris, qui se distingue entre toutes les villes de l'Empire, par l'abondance et la variété de ses produits, on peut citer *Lyon*, second centre industriel de la France, *Lille, Rouen, Marseille, Saint-Quentin, Mulhouse, Sedan, Louviers, Elbeuf, Beauvais, Saint-Étienne, Bordeaux, Toulouse, Strasbourg*, et parmi celles qui n'ont point le rang de sous-préfectures: *Tourcoing, Roubaix, Le Cateau, Saint-Gobain, Creil, Givey, Baccarat, Tarare, Fourchambault, Imphy, Indret, Saint-Nazaire, Solins, Thann, Klingenthal*. Celle, et une foule d'autres, recommandables à divers titres.

BASSIN DE LA GARONNE.

1° *Départements baignés par la Garonne.*
Haute-Garonne. — T. — Sous-préf., M. — St.-G. — V. Tarn-et-Garonne. — M. — Sous-préf., Ca. — M. Lot-et-Garonne. — A. — Sous-préf., M. — N. — V.-s.-L. Gironde. — B. — Sous-préf., Ba. — Bl. — La R. — Li.

2° *Départements situés au delà de la rive droite*, savoir:
Ariège. — Tarn. — Aveyron. — Lozère. — Lot. — Cantal.

3° *Départements au delà de la rive gauche.*
Dordogne. — Corrèze.
Gers. — A. — Sous-préf., C. — Lc. — Lo. — M.

BASSIN DE LA CHARENTE.

BASSIN DE LA GARONNE.

Mêmes détails pour les trois départements qui appartiennent à ce bassin, savoir:

Ille-et-Vilaine. — Morbihan. — Finistère.

BASSIN DE LA LOIRE.

1° *Départements baignés par la Loire.*
Haute-Loire. — Le P. — Sous-préf., B. — Y. Loire. — St.-E. — Sous-préf., M. — R. Saône-et-Loire. — M. — Sous-préf., Ch. — L. — C. Nièvre. — N. — Sous-préf., Ch. — Cl. — C. — M. Allier. — M. — Sous-préf., G. — L. — M. Cher. — B. — Sous-préf., St.-A. — S. Loir-et-Cher. — B. — Sous-préf., R. — V. Loiret. — O. — Sous-préf., G. — M. — P. Maine-et-Loire. — A. — Sous-préf., B. — Ch. — S. Indre-et-Loire. — T. — Sous-préf., C. — L. Loire-Inférieure. — N. — Sous-préf., A. — Ch. — P. — S.-N.

2° *Départements situés au delà de la rive droite du fleuve (au nord du bassin).*
Sarthe. — Le M. — Sous-préf., La F. — M. — St.-C. Mayenne. — L. — Sous-préf., Ch.-G. — M.

3° *Départements situés au delà de la rive gauche.*
Puy-de-Dôme. — C.-F. — Sous-préf., A. — R. — T. Indre. — Ch. — Sous-préf., Le B. — I. — La C. Haute-Vienne. — L. — Sous-préf., B. — R. — St.-Y. Vienne. — P. — Sous-préf., Ch. — Ch. — M. Creuse. — G. — Sous-préf., A. — B.

BASSIN DE L'ORNE.

Orne. — A. — Sous-préf., A. — D. — M. — P. Calvados. — C. — Sous-préf., B. — F. — L. — P.-l'É. — V. Manche. — S.-L. — Sous-préf., A. — Ch. — C. — M. — V.

BASSIN DE LA SOMME.

Somme. — A. — Sous-préf., A. — D. — M. — P.

RUSSIE

SITUATION. — DIVISION. — GOUVERNEMENT.

La *Russie*, comptée parmi les contrées du nord de l'Europe, forme le plus vaste empire du globe. Elle embrasse, avec ses possessions d'Asie, la neuvième partie des terres.

En Europe, elle s'étend de l'Océan glacial à la chaîne du Caucase, et des monts Ourals à la Vistule. On la divise en 49 gouvernements, qui portent pour la plupart le nom de leurs capitales. En outre, il y a trois provinces, la *Finlande*, la *Pologne* et la *Caucasie*, qui renferment plusieurs petites divisions.

Le pouvoir souverain dans cet empire est absolu, et l'empereur ou *czar* porte le titre d'*Autocrate de toutes les Russies*, ce qui exprime son autorité sans bornes.

QUESTIONNAIRE.

Indiquez les six mers qui baignent la Russie.
Indiquez deux golfes formés par la mer Baltique.
Indiquez les fleuves qui se jettent dans chacune de ces mers ou dans un golfe. — L'Océan glacial arctique reçoit la P. — la mer Blanche reçoit la Dw. — le golfe de Finlande reçoit la Né. — La mer Baltique reçoit la Dü. et le Ni. — (*et de même pour les autres*).
Nommez un affluent du Volga avec un sous-affluent. — l'O. qui reçoit la M.
Indiquez les chaînes de montagnes qui parcourent la Russie. — les monts O. — les monts U. — les Coll. de P.
Indiquez trois lacs situés entre la mer Baltique et la mer Blanche.
Nommez une presqu'île de la mer Noire. — la Cr.
Rappelez la capitale de la Russie.
Nommez la ville qui était autrefois la capitale de l'empire.
Nommez un port situé sur la mer Blanche.
Nommez les ports situés dans la mer Baltique ou dans ses golfes.
Quelle était la capitale de la Pologne?
Quelles villes remarquables sont situées sur le Dnieper? — S. — Mo. — K. — Ch.
Nommez un port de la mer Caspienne, à l'embouchure du Volga.
Nommez un port remarquable de la mer Noire. — O.
Nommez les villes et un cours d'eau célèbres dans la guerre de Crimée (1855). — Séb. — Eu. — In. — l'A.

TURQUIE.

La *Turquie* est située dans l'Europe méridionale au sud-est de la Russie, entre la mer Noire et la mer Adriatique.

Le souverain de cet empire porte le titre de *sultan* ou de *grand-seigneur*, et son autorité est absolue. Il est aussi le chef de la religion mahométane dans ses États.

Parmi les provinces placées sous l'autorité du sultan, on remarque la *Bulgarie*, la *Croatie*, la *Roumélie*, l'*Albanie* et l'*Épire*.

L'empire turc renferme aussi trois États aujourd'hui indépendants, mais dont les princes souverains paient un tribut annuel au sultan, ce sont la *Roumanie*, la *Servie* et le *Monténégro*.

Indiquez les cinq mers qui baignent la Turquie. — La mer A. — la mer Io. — l'Ar. — la mer M. — et la mer N.
Quel est le fleuve qui se jette dans l'Archipel?
Quel est le fleuve qui se jette dans la mer Noire? Nommez deux affluents. — Le Da. qui reçoit le S. et le P.
Nommez les montagnes qui parcourent la Turquie. — Les monts B.
Nommez une île considérable, au sud. — Can.
Rappelez la capitale de la Turquie.
Nommez cinq villes principales.
Nommez deux divisions de la Roumanie. — la V. — et la M.
Quelle est la capitale de cet État? — B.
Nommez deux villes principales.
Quelles sont les principales villes de la Servie? — D. — et S.

GRÈCE.

Le royaume de *Grèce*, situé dans l'Europe méridionale, au sud de la Turquie, renferme une partie continentale, la *Grèce propre*; une presqu'île, la *Morée*; une grande île, le *Négrepont*, et deux archipels, les îles *Ioniennes* et les *Cyclades*.

Indiquez les trois mers qui baignent la Grèce. — La mer I. — la mer M. — et l'Ar.
Quelle est la capitale du royaume? — A.
Indiquez une localité célèbre de la Grèce propre. — L.
Quelles sont les villes de la Morée?
Nommez quelques-unes des îles Ioniennes. — Co. — Ste-M. — Cé. — Z.
Quelle est l'île principale des Cyclades? — S.

SUÈDE et NORWÈGE.

La monarchie suédoise, qui est un des États de l'Europe septentrionale, est formée des deux anciens royaumes de *Suède* et de *Norwége* aujourd'hui réunis sous un même souverain, mais avec des administrations distinctes.

Indiquez les trois mers qui baignent la Suède.
Nommez les trois principaux fleuves.
Indiquez une grande division de la Suède et deux petites.
Quelle est la capitale de la Suède et de tout le royaume?
Nommez ses principales villes.
Quelle est la capitale de la Norwége?
Quelles sont ses principales villes?
Nommez deux archipels.

DANEMARK.

Le royaume de *Danemark* comprend la partie septentrionale de la presqu'île du *Jutland*, deux grandes îles *Séeland* et *Fionie*, et plusieurs autres petites îles voisines. — Il possède aussi l'*Islande*, qui est une île considérable située au nord-ouest de l'Europe (*voyez la carte de l'Europe. — Divisions politiques*).

Quelles sont les mers qui baignent le Danemark?
Indiquez deux détroits importants.
Quelle est la capitale du Danemark?
Nommez une ville principale du Jutland.
Nommez une ville de l'île de Fionie.

ESPAGNE.

L'*Espagne*, située dans l'Europe méridionale et au sud de la France, est divisée en quatorze provinces dont plusieurs formèrent pendant longtemps des royaumes distincts. Ces provinces sont situées ainsi :

Au nord : les *Asturies*, les provinces *Basques*, la *Navarre*, l'*Aragon* et la *Catalogne*;
A l'est : la province de *Valence* et celle de *Murcie*;
Au sud : l'*Andalousie*;
A l'ouest : l'*Estramadure* et la *Galice*;
Au centre : *Léon*, la *Vieille-Castille* et la *Nouvelle-Castille*;
Dans la mer Méditerranée : les îles *Baléares*.

Quelles sont les mers qui baignent l'Espagne?
Indiquez les fleuves qui se jettent dans chacune de ces mers.
Nommez les chaînes de montagnes.
Rappelez la capitale de l'Espagne.
Nommez les principales villes de la Catalogne.
Nommez une ville située sur l'Èbre.
Nommez une ville située sur le Tage.
Nommez deux villes situées sur le Guadalquivir.
Nommez une ville située dans une île voisine de l'embouchure de ce fleuve.

PORTUGAL.

Le royaume de *Portugal* est situé à l'ouest de l'Espagne, il est baigné par le même Océan, et ses principaux fleuves sont communs aux deux contrées.

Rappelez la capitale du Portugal.
Quels sont les fleuves qui l'arrosent?
Nommez ses principales villes.

FRANCE
divisée
EN 32 GOUVERNEMENTS
avec les Départements
qui y correspondent
Principaux lieux historiques de l'ancienne Monarchie.
par M.Th.Benard
NORD
SUD
OUEST
EST
ANGLETERRE
LA MANCHE
OCÉAN ATLANTIQUE
ESPAGNE
MER MÉDITERRANÉE
PROVINCES UNIES
PAYS-BAS
WESTPHALIE
SAXE
FRANCONIE
HAUT PALATINAT
BOHÊME
BAS-PALATINAT
SOUABE
BAVIÈRE
SUISSE
VÉNÉTIE
MER ADRIATIQUE
LOMBARDIE
PIÉMONT
TOSCANE
ÉTATS DE L'ÉGLISE
CORSE
FLANDRE
ARTOIS
PICARDIE
NORMANDIE
ILE DE FRANCE
CHAMPAGNE
LORRAINE
ALSACE
BRETAGNE
MAINE
ORLÉANAIS
ANJOU
TOURAINE
BERRY
NIVERNAIS
BOURGOGNE
FRANCHE COMTÉ
POITOU
AUNIS
ANGOUMOIS
SAINTONGE
MARCHE
BOURBONNAIS
LIMOUSIN
AUVERGNE
LYONNAIS
DAUPHINÉ
SAVOIE
GUYENNE
GASCOGNE
BÉARN
LANGUEDOC
PROVENCE
COMTAT VENAISSIN
ROUSILLON
COMTÉ DE FOIX
PARIS
LONDRES
ROME

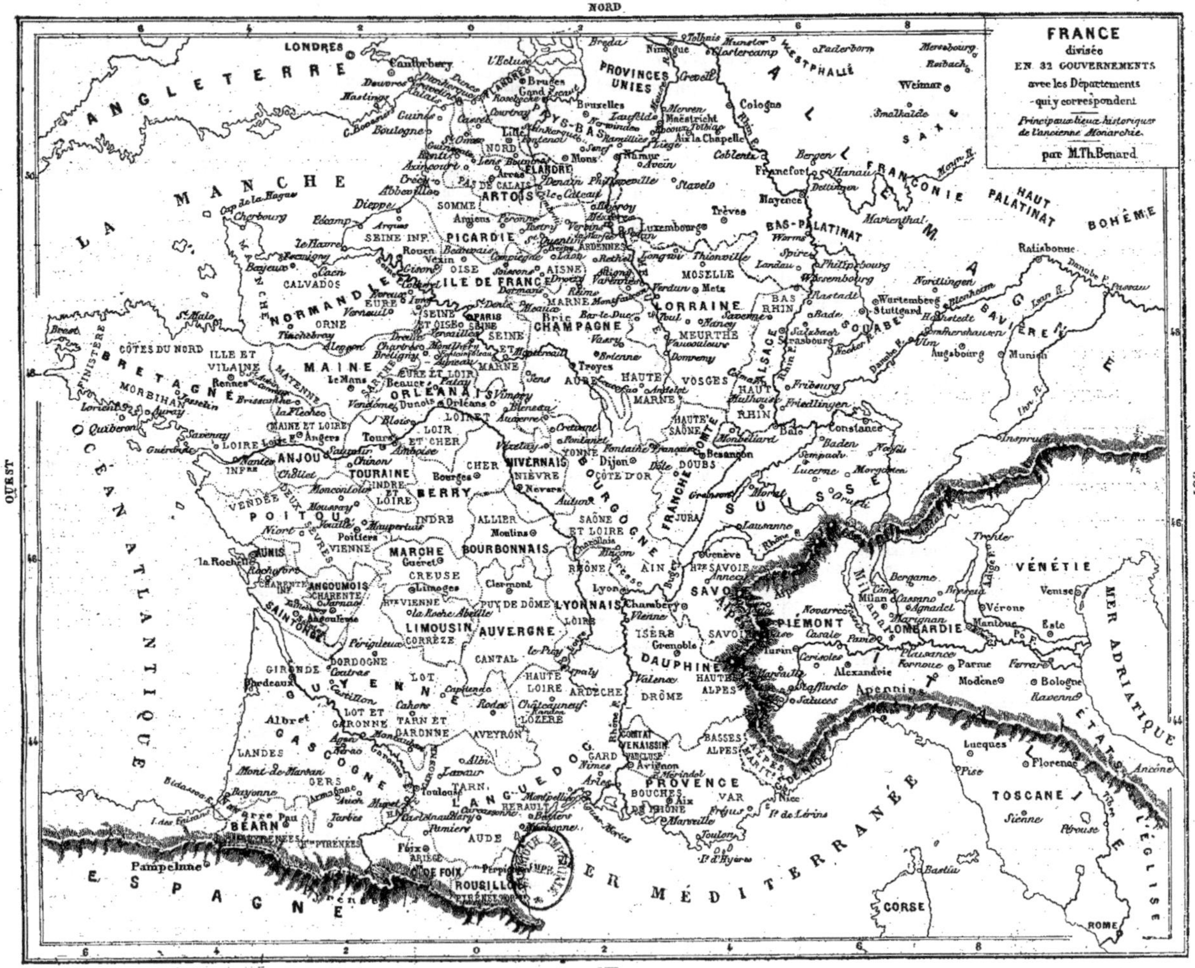

FRANCE

DIVISÉE EN 32 GOUVERNEMENTS.

Avant 1789, la France était divisée en 32 gouvernements ou provinces, dont on a formé les départements. Elles étaient situées ainsi :

Six au nord : la *Flandre*, l'*Artois*, la *Picardie*, la *Normandie*, la *Champagne* et l'*Ile-de-France* ;

Six à l'est : la *Lorraine*, l'*Alsace*, la *Franche-Comté*, la *Bourgogne*, le *Lyonnais* et le *Dauphiné* ;

Six au sud : la *Provence*, le *Languedoc*, le *Roussillon*, le *comté de Foix*, la *Guyenne* avec la *Gascogne*, et le *Béarn* ;

Six à l'ouest : la *Saintonge* avec l'*Aunis*, l'*Angoumois*, le *Poitou*, l'*Anjou*, la *Bretagne* et le *Maine* ;

Huit au centre : la *Touraine*, l'*Orléanais*, le *Nivernais*, le *Bourbonnais*, le *Berry*, la *Marche*, le *Limousin* et l'*Auvergne*.

Ces provinces ne comprenaient cependant que 84 départements. Les cinq autres ont été formés de la *Corse*, qui était un petit gouvernement à part ; du *comtat Venaissin*, cédé par le pape ; de la *Savoie* et du *comté de Nice*, acquis en 1859 par l'empereur Napoléon III.

QUESTIONNAIRE.

RÉGION DU NORD.

(Les villes capitales sont en romain.)

Quelle était la capitale de la Flandre?
Quel département cette province a-t-elle formé ?
Nommez les principales villes.
Quelle était la capitale de l'Artois?
Quel département a-t-il formé?
Nommez les villes remarquables.
Quelle était la capitale de la Picardie?
Quel département a-t-elle formé?
Indiquez les principales villes.
Quelle était la capitale de la Normandie?
Nommez les cinq départements qu'elle a formés.
Nommez les principales villes.
Quelle était la capitale de la Champagne?
Nommez les quatre départements qu'elle a formés.
Indiquez les villes principales et les lieux historiques.
Quelle était la capitale de l'Ile-de-France?
Nommez les cinq départements formés de cette province.
Indiquez les villes principales et les lieux historiques.

RÉGION DE L'EST.

Quelle était la capitale de la Lorraine?
Nommez les trois départements formés de cette province.
Indiquez les villes principales.
Quelle était la capitale de l'Alsace?
Nommez les deux départements qu'elle a formés.
Indiquez les autres villes. — M. — C. — S. — W.
Nommez une ville voisine qu'on y rattachait. — L.

Quelle était la capitale de la Franche-Comté?
Nommez les trois départements qu'on en a formés.
Indiquez les autres villes.
Quelle était la capitale de la Bourgogne?
Quels sont les quatre départements qu'elle a formés.
Nommez les villes principales et les lieux historiques.
Quelle était la capitale du Lyonnais?
Quels sont les deux départements qu'il a formés?
Quelle était la capitale du Dauphiné?
Quels sont les trois départements qu'il a formés?
Indiquez les villes principales.

RÉGION DU SUD.

Quelle était la capitale de la Provence?
Nommez les trois départements qu'elle a formés.
Nommez les autres villes.
Quelle était la capitale du Languedoc?
Nommez les huit départements qu'il a formés.
Indiquez les principales villes.
Quelle était la capitale du Roussillon?
Quel est le département qu'il a formé?
Quelle était la capitale du comté de Foix?
Quel département a-t-il formé?
Nommez les villes principales.
Quelle était la capitale de la Guyenne (et de la Gascogne)?
Nommez les neuf départements qu'on en a formés.
Indiquez les villes principales.
Quelle était la capitale du Béarn?
Quel département a-t-il formé?
Indiquez un ancien petit royaume adjacent.

RÉGION DE L'OUEST.

Quelle était la capitale de la Saintonge et de l'Aunis?
Quel département en a-t-on formé?
Nommez les principales villes.
Quelle était la capitale de l'Angoumois?
Quel département a-t-on formé?
Nommez une ville principale.
Quelle était la capitale du Poitou?
Nommez les trois départements qu'il a formés.
Indiquez les villes principales.
Quelle était la capitale de l'Anjou?
Nommez le département qu'il a formé.
Indiquez les villes principales.
Quelle était la capitale de la Bretagne?
Nommez les cinq départements qu'elle a formés.
Nommez les villes principales.
Quelle était la capitale du Maine?
Nommez les deux départements qu'il a formés.

RÉGION DU CENTRE.

Quelle était la capitale de la Touraine?
Nommez le département qu'elle a formé.
Nommez deux villes principales.
Quelle était la capitale de l'Orléanais?
Nommez les trois départements qu'il a formés.
Indiquez les autres villes et les lieux historiques.
Quelle était la capitale du Nivernais?
Quel département a-t-il formé?
Indiquez une autre ville.
Quelle était la capitale du Bourbonnais?
Quel département en a-t-on formé?
Quelle était la capitale du Berry?

Nommez les deux départements qu'il a formés.
Quelle était la capitale de la Marche?
Quel département a-t-elle formé?
Quelle était la capitale du Limousin?
Nommez les deux départements qu'il a formés.
Indiquez un lieu historique.
Quelle était la capitale de l'Auvergne?
Nommez les deux départements qu'elle a formés.

Quelle était la capitale de la Corse?
Quel département a-t-on formé du comtat Venaissin?
Quelle était la capitale de ce territoire?
Nommez les deux départements formés de la Savoie.
Nommez la capitale de la province.
Quel département a-t-on formé du comté de Nice?

ÉTATS VOISINS DE LA FRANCE.

Quels États trouvait-on au nord de la France ? — L'Ang. — les P.-B. — les P.-U.
Nommez les États situés à l'est. — L'All. — la S. — et l'I.
Nommez un État situé au sud.
Indiquez les villes remarquables dans le sud de l'Angleterre.
Indiquez les villes comprises entre l'Escaut et la mer.
Nommez les villes situées entre l'Escaut et la Meuse.
— Entre la Meuse et le Rhin.
— Au nord du Mayn.
— Entre le Rhin, le Mayn et le Danube.
— En Suisse.
— Entre le Danube et les Alpes.
Nommez les principales villes du Piémont.
— De la Lombardie.
— De la Vénétie.
Nommez les villes situées entre le Pô et les Apennins.
— Au sud des Apennins.
Nommez les villes remarquables dans le nord de l'Espagne.

On peut résumer ainsi les accroissements successifs de l'ancienne monarchie jusqu'à la Révolution.

Au Domaine royal ou *Ile-de-France* de Hugues-Capet, Philippe Ier ajouta le *Berry* ; — Philippe II, la *Normandie*, — Philippe III, le *Languedoc* ; — Philippe IV, la *Champagne* et le *Lyonnais* ; — Philippe VI, le *Dauphiné* ; — Charles V, le *Poitou*, l'*Aunis* et la *Saintonge* ; — Charles VII, la *Guyenne* ; — Louis XI, la *Picardie*, la *Provence*, l'*Anjou*, le *Maine*, la *Touraine* et la *Bourgogne* ; — Louis XII, l'*Orléanais* et la *Bretagne* ; — François Ier, la *Marche*, le *Bourbonnais*, l'*Angoumois* et l'*Auvergne* ; — Henri IV, le *Béarn* (avec la *Navarre*), le *comté de Foix*, le *Limousin* et la *Gascogne* ; — Louis XIII, l'*Artois* et le *Roussillon* ; — Louis XIV, la *Flandre*, l'*Alsace*, la *Franche-Comté* et le *Nivernais* ; — Louis XV, la *Lorraine* et la *Corse*.

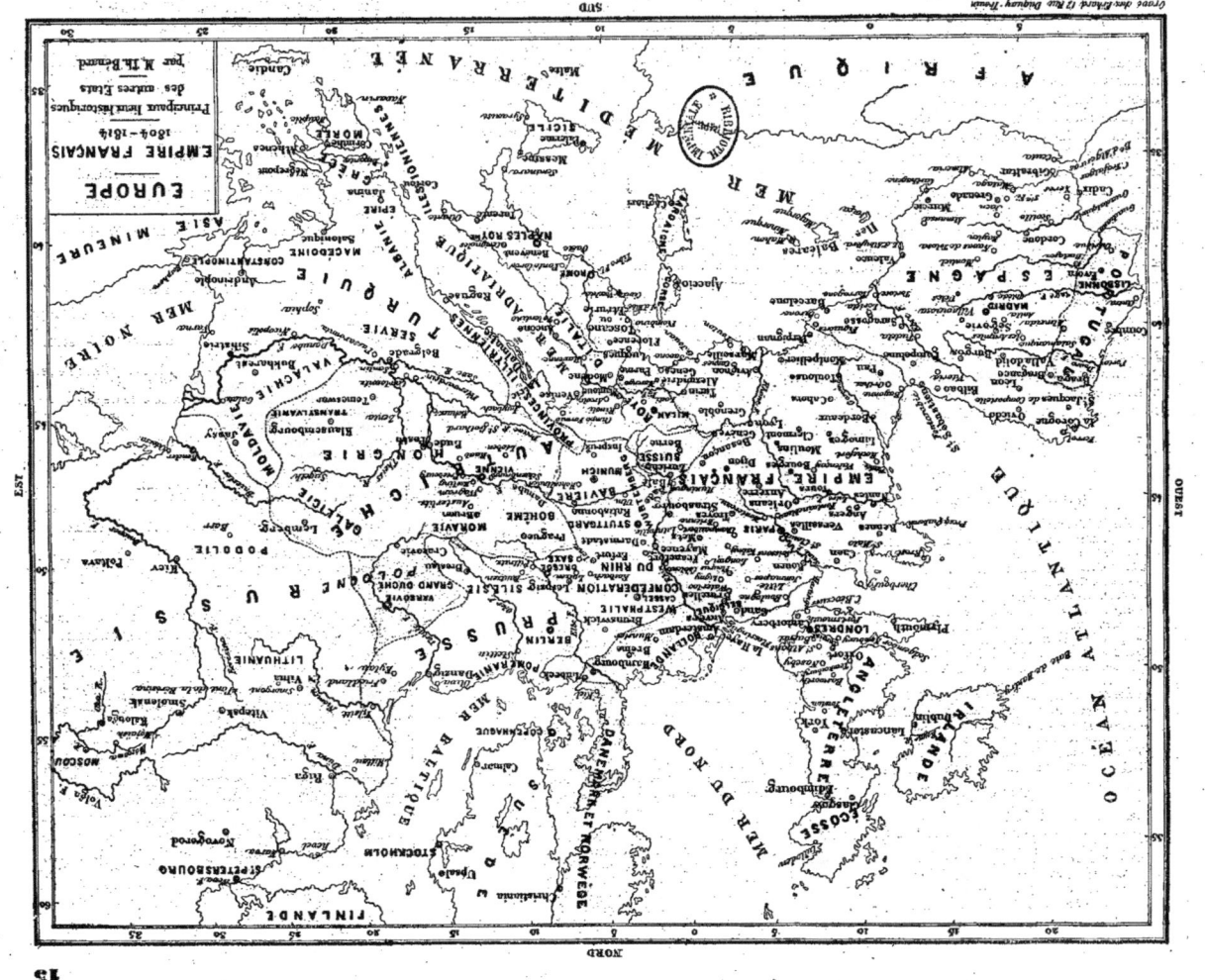

EUROPE. — EMPIRE FRANÇAIS
1804-1814

Le gouvernement républicain, établi en France après la chute de l'ancienne monarchie, fut inauguré par la bataille de *Valmy*, qui repoussa l'invasion des Prussiens en Champagne (1792).

On conçut bientôt le dessein de donner au territoire ses limites naturelles : la ligne du Rhin et des Alpes.

Au midi, *Avignon* fut enlevé au Pape. Le roi de Sardaigne perdit *Genève*, la *Savoie* et *Nice*.

Au nord, les victoires de *Jemmapes* et de *Fleurus* amenèrent l'occupation de la *Belgique*, qui formait les Pays-Bas autrichiens. La *Hollande* même fut envahie.

Sur le Rhin, *Mayence* et tout le pays à l'ouest du fleuve furent conquis sur l'empire d'Allemagne (1794).

Bonaparte, qui avait repris Toulon tombé au pouvoir des Anglais, reçut le commandement d'une armée d'invasion en Italie (1796).

La prise de *Mantoue* et les victoires de *Rivoli* et d'*Arcole* furent suivies du traité de *Campo-Formio*, qui confirma les conquêtes faites en deçà du Rhin.

Le Consulat fut marqué par la seconde campagne d'Italie (1800). Après la victoire de *Marengo* et la prise de *Gênes*, les anciens États de la Péninsule firent place à des républiques alliées de la France. La *Sardaigne* et la *Sicile* furent les seules possessions qui restèrent à la Maison de Savoie et aux Bourbons de Naples. Le *Piémont* fut alors réuni à la France et forma six nouveaux départements.

Les traités de *Bâle* et de *Lunéville*, ainsi que les actes du congrès d'*Amiens*, pacifièrent momentanément l'Europe, et ce calme fut favorable à l'établissement de l'empire français (1804).

Bientôt une flottille immense fut réunie de *Boulogne* à *Flessingue* pour porter la Grande-Armée en Angleterre. Cette puissance n'exécutant pas le traité d'Amiens, Elle forma une nouvelle coalition, ce qui obligea Napoléon à aller attaquer l'Autriche sur le Danube. La prise d'*Ulm*, l'occupation de *Vienne*, la victoire d'*Austerlitz* furent les faits les plus éclatants de cette guerre. Le traité de *Presbourg* rendit l'Empereur l'arbitre de l'Allemagne et de l'Italie (1805). — Il était déjà *Médiateur* de la Confédération *Suisse*, pour avoir aidé cette république à se reconstituer après des troubles intérieurs.

ALLEMAGNE. — Napoléon fit tenir à *Ratisbonne*, en 1806, une diète générale, qui transforma l'Empire en une *Confédération du Rhin*, dont il fut déclaré *Protecteur*. Trente-quatre États nouveaux remplacèrent cette multitude de souverainetés qui dataient de huit siècles. La *Bavière*, le *Wurtemberg*, et la *Saxe* furent érigés en royaumes, et le chef de la maison d'Autriche ne conserva le titre d'empereur que pour ses États héréditaires.

ITALIE. — Indépendamment du Piémont, qui avait été incorporé à la France, on forma de la *Lombardie*, des possessions de *Venise* et d'une partie de l'*État Pontifical*, un *royaume d'Italie* divisé en vingt-quatre départements. L'empereur conféra le titre de vice-roi au prince Eugène. Le royaume de *Naples* fut donné à Joseph, frère de Napoléon, puis à Murat, leur beau-frère. *Bénévent*, *Ponte-Corvo*, *Lucques*, l'*Etrurie* ou *Toscane* devinrent des principautés françaises.

Les *Îles Ioniennes* furent également conquises, et les *Provinces Illyriennes* entrèrent dans le domaine privé de l'empereur.

La puissance de Napoléon s'accrut encore après la guerre de Prusse (1806) et les victoires d'*Iéna* et de *Friedland*. Le royaume de *Hollande* avait été déjà créé pour le prince Louis Napoléon; celui de *Westphalie* le fut pour le prince Jérôme. Le traité de *Tilsitt* et les conférences d'*Erfurt*, en sanctionnant ces faits, en firent présager de nouveaux. Les Bourbons d'Espagne furent dépossédés, et ce royaume passa à Joseph Napoléon; la Hollande fut aussi incorporée à l'empire français après l'abdication du roi Louis. La seconde guerre d'Autriche éleva au plus haut point la gloire de Napoléon par la prise de *Vienne* et les victoires d'*Essling* et de *Wagram* (1809). Sa dynastie parut consolidée par son mariage avec l'archiduchesse Marie-Louise, convenu à *Schœnbrunn*, et par la naissance d'un héritier.

L'empire français atteignit alors sa plus grande extension, par la réunion des provinces restées au pape, et par la prise de possession de *Hambourg*, *Brême* et *Lubeck*. Il était divisé en 130 départements, et 50 millions d'habitants couvraient tout ce pays.

Dans les trois dernières années de l'empire, les victoires de la *Moscowa*, de *Bautzen*, de *Dresde*, et l'admirable campagne de 1814, ne purent balancer ni l'inclémence des éléments ni les efforts de l'Europe coalisée. Napoléon abdiqua le pouvoir à *Fontainebleau*, et après les Cent-Jours, la bataille de *Waterloo* termina la lutte reprise un instant par le retour de l'île d'*Elbe*.

RECONSTITUTION DE L'EUROPE.

Les souverains assemblés à Vienne, après l'abdication de Napoléon, constituèrent l'Europe avec des pensées hostiles à l'influence française.

La *France* perdit ses conquêtes et fut réduite aux limites qu'elle avait en 1789.

On forma un royaume de la *Hollande* agrandie de la *Belgique*. Mais celle-ci s'est séparée en 1831.

La *Prusse*, considérablement accrue, fut portée jusqu'à nos frontières.

L'*Autriche* prit possession de la *Lombardie* et de la *Vénétie*, qu'elle a reperdues en 1859 et 1866.

L'*Angleterre* acquit le protectorat des *Îles Ioniennes*, cédées depuis à la Grèce. Elle garda *Malte* conquise pendant la guerre.

Le roi de *Saxe* perdit le Grand-Duché de *Varsovie*, cédé par Napoléon, qui l'avait pris sur le Czar.

Le roi de *Danemark*, allié fidèle de la France, fut dépossédé de la *Norwège*, qu'on donna au roi de *Suède*.

Le Pape, la Maison de Savoie et les Bourbons, furent réintégrés dans leurs États.

QUESTIONNAIRE.

Indiquez au nord de la France deux contrées qui furent réunies à l'empire. — La B. — et la H.

Nommez les villes et les localités remarquables de la première. — B. — A. — G. — F. — L. — W.

Nommez celles de la seconde. — La H. — A. — F.

Nommez deux villes historiques situées sur le Rhin. — M. — C.

Nommez quatre villes à l'est de la Hollande. — M. — H. — B. — L.

Nommez les villes à l'ouest du Tibre et au sud du Pô supérieur. — T. — A. — G. — S. — M. — P. — L. — F. — P. — C. — V. — R.

Nommez les villes du royaume d'Italie.

Nommez celles du royaume de Naples.

Nommez quatre royaumes dans la Confédération du Rhin, avec leurs capitales.

Nommez les autres villes de la Confédération.

Nommez deux villes dans les Provinces Illyriennes.

Nommez, dans l'empire d'Autriche, les villes au nord du Danube.

Nommez celles du sud.
— Celles du royaume de Prusse.
— Celles de la Russie, du Niémen à Moscou.
— Celles d'Espagne, au nord de l'Èbre.
— Entre le Douro et le Tage.
— Entre le Tage et le Guadalquivir.
— Au sud du Guadalquivir.

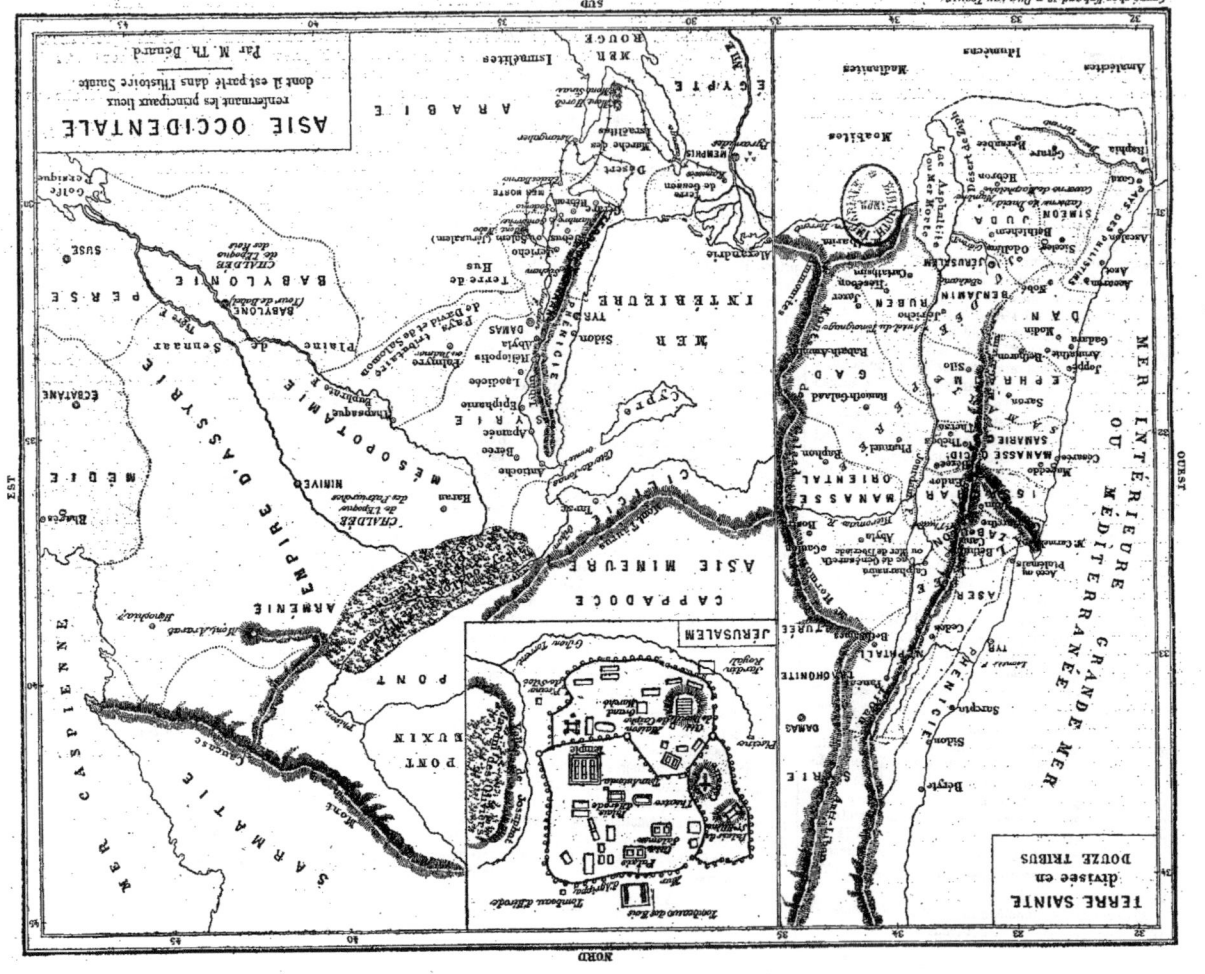

ASIE OCCIDENTALE

APERÇU GÉNÉRAL. — DIVISION.

La région de l'Asie qui comprend le bassin du Tigre et de l'Euphrate, et qui s'étend jusqu'à la mer Intérieure ou mer Méditerranée, fut selon l'Écriture sainte le berceau du genre humain.

On y distinguait sept contrées situées ainsi :

Deux à l'est : la *Médie* et la *Perse*;
Deux au milieu : l'Empire d'*Assyrie* et l'*Arabie*;
Trois à l'ouest : la *Syrie*, la *Phénicie* et la *Terre de Chanaan* qui fut depuis la *Terre Sainte*.

Aux contrées de cette région on peut ajouter : 1° l'*Égypte*, que les anciens rattachaient à l'Asie, à cause des nombreuses relations que cette contrée eut avec l'Orient, plutôt qu'avec l'Afrique : 2° L'*Asie Mineure*, nommée plus rarement dans l'histoire sainte.

QUESTIONNAIRE.

Nommez les mers qui baignaient l'Asie occidentale. — La mer In. ou mer Méd. — Le P.-E. — la mer C. — et la mer R.
Quel golfe trouvait-on au sud-est? — Le golfe P.
Nommez les grandes chaînes de montagnes. — Le mont C. — Le T. — et le L.
Où était située la Médie? — Au sud de la mer C. et au nord de la P.
Quelle était la capitale de ce royaume? — E.
Indiquez une autre ville nommée dans l'histoire de Tobie. — R.
Quel fleuve formait la limite occidentale de la Perse? — Le T.
Quelle portion de mer trouvait-on au sud? — Le golfe P.
Nommez une des capitales de ce royaume, où eut lieu l'histoire d'Esther. — S.
Indiquez trois grandes divisions de l'empire d'Assyrie. — L'Ar. — la M. — et la B.
Quelles furent successivement les deux capitales de cet empire? — B. — et N.
Quelle montagne célèbre trouvait-on dans l'Arménie? — Le mont A.
Nommez quatre fleuves dont les sources se trouvaient, selon l'histoire sainte, dans le paradis terrestre. — L'Eu. — Le T. — Le Ph. — et le G.
Nommez une ville dont la fondation est attribuée à Caïn. — H.
Nommez une division de la Mésopotamie. — La Cha. de l'époque des patriarches.
Nommez deux villes de la Mésopotamie. — H. — et Th.
Sur quel fleuve était située Ninive?
Sur quel fleuve était située Babylone?
Quelle ancienne et fameuse construction trouvait-on dans cette ville? — La tour de B.
Indiquez une division de la Babylonie. — La Cha. de l'époque des rois.
Indiquez la plaine où se fit la dispersion des peuples.
Citez une petite terre qui fut la patrie de Job. — La terre de H.
Quel fleuve arrosait la Syrie? — L'O.
Quelle était la capitale de ce royaume? — D.
Nommez les autres villes.
Indiquez une ville bâtie par Salomon à l'ouest. — P. ou T.
Nommez les deux principales villes de la Phénicie.
Nommez le fleuve qui arrosait la terre de Chanaan. — Le J.
Indiquez une mer où il se jette. — La mer M.
Quelles villes furent englouties dans cette mer? — S. et G.
Nommez les autres villes de cette contrée.
Indiquez la montagne où était le tombeau de Moïse. — Le mont N.
Nommez le fleuve qui arrosait l'Égypte.
Indiquez une des capitales de cette contrée.
Quelles célèbres constructions furent élevées près de cette ville? — Les P.
Nommez une ville importante située aux bouches du Nil.
Indiquez la terre concédée par les rois d'Égypte à la famille de Jacob. — La terre de G.
Nommez la ville d'où partirent les Israélites à la sortie d'Égypte.
Indiquez deux montagnes remarquables dans la marche des Israélites à travers le désert. — Le mont S. — et le mont H.
Indiquez deux villes ou stations. — A. — et C.-B.
Nommez deux contrées de l'Asie Mineure voisines de l'Arménie. — Le P. — et la Ca.
Nommez la contrée du sud voisine de la mer. — La Ci.
Quelle était sa capitale?
Indiquez une grande île de la mer Intérieure.

TERRE SAINTE.

Après la conquête de la terre de Chanaan par les Israélites, le pays fut divisé en douze tribus dont neuf et demie étaient situées entre le Jourdain et la mer, et deux et demie au delà du Jourdain.

Parmi les premières, quatre étaient au sud : *Juda, Siméon, Benjamin* et *Dan;*
Une tribu et demie au milieu : *Ephraïm* et *Manassé occidental;*
Quatre tribus occupaient le nord : *Issachar, Zabulon, Aser* et *Nephtali.*

Au delà du Jourdain on trouvait, du sud au nord, deux tribus et demie : *Ruben, Gad* et *Manassé oriental.*

Ces quatre groupes portèrent, au temps d'Hérode, les noms de *Judée, Samarie, Galilée* et *Pérée.*

QUESTIONNAIRE.

Nommez les montagnes qui bornaient la Terre sainte à l'ouest. — L'A.-L. — le mont H. — et les monts G.
Nommez les chaînes qui la parcouraient du nord au sud. — Le L. — et les monts G.
Quel nom portait le lac (ou mer) traversé par le Jourdain? — Le lac de G. ou mer de T.
Nommez un affluent considérable du Jourdain. — L'H.
Nommez deux torrents qui se perdaient dans le lac Asphaltite ou mer Morte. — Le C. — et l'A.
Nommez les peuples situés au delà de la frontière du sud.
Dans la tribu de Juda, nommez le lieu où fut enseveli Abraham. — La caverne de M.
Dans quelle ville est né Jésus-Christ? — B.
Indiquez celle où naquit saint Jean-Baptiste. — H.
Indiquez les autres villes et les lieux remarquables de cette tribu.
Nommez dans la tribu de Siméon une ville fort ancienne dont le roi fit alliance avec Abraham. — G.
Nommez deux autres villes.
Quel était le pays situé à l'est de cette tribu?
Indiquez les principales villes.
Indiquez dans la tribu de Benjamin la capitale de toute la Judée.
Indiquez la ville qui tomba la première au pouvoir de Josué.
Quel monument fut élevé pour perpétuer le souvenir du passage du Jourdain? — L'A. du T.
Indiquez une autre ville de la tribu de Benjamin.
Nommez dans la tribu de Dan la ville où fut transportée l'Arche d'alliance reprise sur les Philistins? — N.
Nommez la patrie des Machabées. — M.
Indiquez les autres villes de la tribu de Dan.
Quelles étaient les villes de la tribu d'Ephraïm?
Nommez la capitale des rois d'Israël dans la demi-tribu de Manassé occidental. — S.
Quelles étaient les autres villes de cette demi-tribu?
Nommez les villes de la tribu d'Issachar.
Nommez la ville délivrée par Judith, dans la tribu de Zabulon.
Indiquez deux autres villes remarquables dans l'histoire de Jésus-Christ.
Nommez deux montagnes célèbres de la même tribu.
Indiquez le pays situé à l'ouest de la tribu d'Azer. — La Ph.
Nommez ses principales villes.
Nommez les villes de la tribu de Nephtali.
Nommez les villes de la tribu de Ruben.
Nommez le peuple étranger situé à l'est.
Nommez les villes de la tribu de Gad.
Nommez les villes de la demi-tribu de Manassé oriental.
Rappelez un grand royaume situé au nord.
Quelle était sa capitale?
Indiquez deux divisions de cette contrée.

APERÇU GÉOGRAPHIQUE

TEMPS APOSTOLIQUES. — *Palestine :* Jérusalem, Joppé. — *Syrie :* Damas, Antioche. — *Asie Mineure :* Éphèse, Smyrne, Sardes. — *Grèce :* Athènes, Thessalonique, Patras, Corinthe, Philippes. — *Italie :* Rome. — *Malte.* — *Afrique :* Carthage.

IIe ET IIIe SIÈCLES. PROGRÈS DE LA FOI. PERSÉCUTIONS. — *Italie :* Rome, Milan. — *Gaule* (ou *France*) : Lyon, Marseille, Paris, Limoges, Toulouse, Arles. — *Asie Mineure :* Nicomédie, Iconium. — *Égypte :* Alexandrie. — *Afrique :* Carthage.

DE CONSTANTIN A CHARLEMAGNE. L'ARIANISME. LES ARABES. LE SCHISME GREC. — *Occident :* Rome, Ravenne, Aquilée, le Mont-Cassin, Paris, Reims, Tours, Poitiers, Mayence. — *Orient :* Constantinople, Nicée, Chalcédoine, Éphèse, Alexandrie. — *Afrique :* Hippone.

LUTTE DES INVESTITURES. — *Italie :* Toscane, Rome, Canossa, Salerne. — *Allemagne :* Franconie. — *Alsace :* Spire, Mayence. — *France :* Clairvaux, Cîteaux, Cluny. — *Angleterre :* Cantorbéry, Clarendon.

CROISADES. LE BAS CLERGÉ ET L'EMPIRE. LES ALBIGEOIS. — *France :* Clermont, Vézelay, Toulouse, Albi, Muret, Pamiers, Lyon. — *Allemagne,* Souabe, Saxe. — *Naples.* — *Espagne :* Cordoue, Tolède, Navas de Tolosa. — *Orient,* Palestine, Arménie, Jérusalem, Ptolémaïs.

Jaffa, Ascalon, Antioche, Tripoli, Nicée, Dorylée, Ancyre, Édesse, Constantinople, Le Caire, Mansourah, Damiette, Chypre. — *Afrique :* Tunis.

SCHISME D'OCCIDENT. LA RENAISSANCE. LES TURCS. — *France :* Avignon, Vienne. — *Italie :* Rome, Venise, Ferrare, Florence. — *Allemagne :* Bâle, Constance. — *Espagne :* Grenade. — *Orient,* Turquie, Constantinople, Corinthe, Rhodes, Lépante. — *Malte.*

LA RÉFORMATION. TEMPS MODERNES. — *Allemagne,* Saxe, Bohême, Westphalie. Worms, Augsbourg, Prague, Trente, Magdebourg. — *France :* Paris, Nantes. — *Suisse :* Genève, Berne, Zurich. — *Angleterre.* — *Italie :* Rome, Savoie, Ancône, Venise, Turin, Florence.

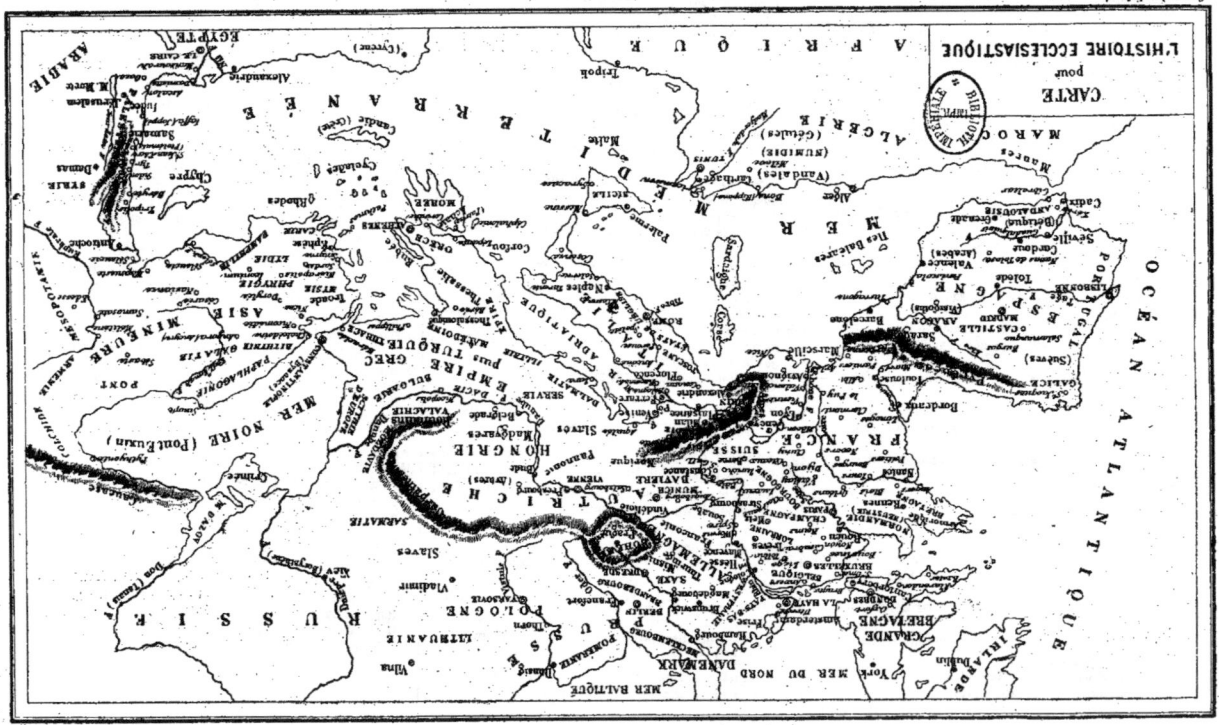

CARTE pour L'HISTOIRE ECCLÉSIASTIQUE

MÊME LIBRAIRIE : *Envoi franco au reçu du prix en timbres-poste.*

DICTIONNAIRE
CLASSIQUE UNIVERSEL

**Français, Historique, Biographique, Mythologique,
Géographique et Étymologique,**

CONTENANT :

1° LE VOCABULAIRE FRANÇAIS,

AVEC LES ACCEPTIONS PROPRES OU FIGURÉES, LITTÉRAIRES OU FAMILIÈRES
DES MOTS, JUSTIFIÉES PAR DES EXEMPLES ; — LES TERMES TECHNIQUES ET SCIENTIFIQUES,
LA CONJUGAISON DES VERBES IRRÉGULIERS
ET DÉFECTUEUX ; LA PRONONCIATION DE TOUS LES MOTS DIFFICILES ;

2° LES ÉTYMOLOGIES,

AVEC L'EXPLICATION DES LOCUTIONS LATINES FRÉQUEMMENT EMPLOYÉES DANS LE DISCOURS, ETC.

3° DES NOTICES HISTORIQUES

SUR LES PEUPLES ANCIENS ET MODERNES, SUR LES GRANDS ÉVÉNEMENTS (GUERRES,
TRAITÉS DE PAIX, CONCILES, ETC.), AVEC LEUR DATE ;

4° LA BIOGRAPHIE

DES PERSONNAGES HISTORIQUES DE TOUS LES PAYS ET DE TOUS LES TEMPS, CELLE DES SAINTS,
DES SAVANTS, DES ÉCRIVAINS, DES BIENFAITEURS DE L'HUMANITÉ, ETC. ;

5° LA MYTHOLOGIE ;

6° LA GÉOGRAPHIE ANCIENNE ET MODERNE

AVEC LA POPULATION DE TOUS LES PAYS ET DE TOUTES LES VILLES, LES DISTANCES
AUX CAPITALES, ETC.

PAR M. TH. BÉNARD

Officier d'académie, chef-adjoint du premier bureau de la division de l'enseignement
primaire au Ministère de l'instruction publique.

Nouvelle édition

REVUE ET AUGMENTÉE DE 5,600 MOTS.

Ouvrage approuvé par le Conseil supérieur de perfectionnement de l'enseignement secondaire spécial et couronné par la Société pour l'Instruction élémentaire, qui a décerné à l'auteur la plus haute récompense :
UNE MÉDAILLE D'ARGENT.

---

1 vol. in-18 de 820 pages. — Prix, cart. **2 fr. 60 c.**

Le même, relié en percaline anglaise, avec titre doré. Prix : **3 fr.**

S'il faut qu'un livre de cette nature soit complet, s'il ne doit contenir que des renseignements scrupuleusement exacts, il n'est pas moins nécessaire qu'il offre aussi la commodité du format, puisqu'il est destiné à un usage fréquent. Nous pouvons dire avec assurance que notre **Dictionnaire classique universel** remplit au plus haut point ces conditions.

Tout en prenant pour guide les travaux de l'Académie, nous avons fait entrer dans notre *Dictionnaire français* les mots récents que les progrès du siècle ont introduits dans le langage, et dont il n'est pas permis d'ignorer l'application. Enfin, allant au-devant des difficultés que peuvent rencontrer les enfants, et désirant que notre livre soit pour eux sans lacune, nous avons donné l'explication de locutions latines, telles que : *aller ego*, *ipso facto*, *sine quâ non*, *statu quo*, etc., etc., qui sont si fréquemment employées qu'elles font pour ainsi dire partie du langage usuel.

Pour la *partie historique*, tous les faits mémorables qui ont marqué dans la vie des peuples, tant anciens que modernes, ont trouvé place dans notre livre.

La *géographie ancienne* tient naturellement une place considérable ; mais il ne fallait point en exclure les renseignements importants de la *géographie moderne* ; aussi tous les États du globe, les villes capitales, les lieux remarquables ont-ils été indiqués. En ce qui concerne la France, nous avons donné de plus les noms des départements, des chefs-lieux de département, d'arrondissement et de canton ; leur population d'après le dernier recensement, et la distance des chefs-lieux de département et d'arrondissement entre eux, ainsi que leur distance de Paris.

Nous n'avons pas omis de consigner toutes les indications nécessaires à l'élève au point de vue des *connaissances mythologiques*.

Enfin, pour que les enfants ne soient jamais embarrassés pour la prononciation, nous l'avons figurée, lorsqu'elle pouvait présenter quelques difficultés, entre deux crochets, immédiatement après le mot.

(Extrait du Rapport adressé au Ministre de l'Instruction publique par la Commission chargée d'examiner les moyens d'enseignement exposés au Ministère et au Champ-de-Mars, classes 89 et 90 de l'Exposition universelle.)

» .... Parmi les Dictionnaires qui figuraient à l'Exposition, la Commission a surtout remarqué le dictionnaire Bénard.

» Ce livre n'est point une nomenclature aride de mots. Des exemples bien divisés, des définitions qui ne laissent rien à désirer, une louable discrétion, la prononciation figurée, les étymologies des mots, ont paru le recommander d'une manière toute particulière aux instituteurs.

» Ce dictionnaire, quoique d'un format commode, présente l'avantage d'être en même temps biographique, géographique et mythologique. »

AVIS DE L'AUTEUR SUR CETTE NOUVELLE ÉDITION.

Le bienveillant accueil fait par le public, et particulièrement par le corps enseignant, au *Dictionnaire classique universel*, nous imposait le devoir de perfectionner notre œuvre.

La nouvelle édition que nous donnons aujourd'hui a été l'objet d'un travail considérable : Nous avons corrigé les erreurs qui avaient pu nous échapper, réparé les omissions qui nous étaient signalées et ajouté un grand nombre de mots scientifiques et des termes de métiers qu'il n'est plus permis d'ignorer à une époque où l'Industrie est appelée à faire partie intégrante de l'éducation.

Nous y avons de plus, dans l'intérêt de nos jeunes lecteurs, compris des mots et des expressions qui sont tombés en désuétude, afin qu'on pût y trouver des explications que rend nécessaire la lecture des auteurs du siècle dernier.

Nous espérons que cet ouvrage, ainsi remanié, répondra à tous les besoins, et nous pouvons affirmer que nous nous sommes efforcé de justifier complètement le succès qui s'est attaché dès son apparition à notre dictionnaire.

NOUVELLE ÉPELLATION ou Épellation par éléments distincts, le plus simple et le plus facile des modes de lecture; par M. Ch. Béhagnon, inspecteur de l'instruction primaire.

Méthode de lecture honorée d'une médaille par la Société pour l'instruction élémentaire et approuvée par la Société des Instituteurs et des Institutrices du département de la Seine.

PETITES LEÇONS. — Commencement du premier livre pour les tout jeunes enfants. Nouvelle édition, 16 pages grand in-16, br. . . . . 10 c.

PREMIER LIVRE. — Lecture des éléments distincts sans épellation. Syllabes simples. Nouvelle édition, 96 pages grand in-16, cart. . . . . . . 30 c.

SECOND LIVRE. — Lecture des éléments distincts réunis, avec épellation. Syllabes composées. Nouvelle édition, 96 pages grand in-16, cart. . . . . 30 c.

LA MÊME MÉTHODE, en 27 tableaux, in-folio. . . . . 1 fr. 50 c.

Leçons graduées de lecture et d'orthographe, disposées par ordre de matières et par ordre alphabétique, renfermant une foule de notions propres à favoriser les progrès intellectuels et moraux de l'enfance. Ouvrage pouvant faire suite à toutes les méthodes de lecture; par M. E. Piérelle, instituteur, seconde édition revue et augmentée. 1 vol. in-18, cart. . . . . 35 c.

« On remarque dans l'ouvrage de M. Piérelle une série de leçons graduées, bien choisies, renfermant d'utiles enseignements pour le cœur et pour l'intelligence. Ce sont d'abord des mots usuels d'une syllabe, de deux suivis d'un complément, de petites phrases, des sentences, des combinaisons de nombres à la portée de l'enfant, puis des mots d'une, de deux et de trois syllabes, des adjectifs disposés de telle sorte qu'apparaisse de même la différence entre le masculin et le féminin, des exercices de conjugaison éveillant l'idée du singulier et du pluriel, des dérivations de mots, les nombres en chiffres et en lettres; enfin des mots de trois et de quatre syllabes parmi lesquels l'enfant en cueillant à reconnaître les dix parties du discours, les expressions usuelles, les homonymes; des notions tout à fait élémentaires sur le calcul, les poids et mesures, la division du temps, la géographie, etc. Des tables d'addition, de soustraction et de multiplication, terminent cet opuscule intéressant et propre à guider les maîtres chargés des petites classes. »

(Extrait du rapport adressé au Ministre de l'Instruction publique par la Commission chargée d'examiner les moyens d'enseignement exposés au Ministère et au Champ-de-Mars, classes 89 et 90 de l'Exposition universelle.)

André à la ferme de Meylan. L'agriculture expliquée aux enfants, livre de lecture courante, *imprimé en gros caractères, spécialement destiné aux enfants des écoles et des classes élémentaires dans les autres établissements d'instruction publique;* par M. Jules Tanlier, ancien chef d'institution de plein exercice, secrétaire perpétuel de l'académie Delphinale. 1 vol. in-12, cart. . . . . . 1 fr. 35 c.

Ouvrage adopté par la colonie agricole de Mettray.

Choix de lectures sur l'agriculture et la vie des champs, à l'usage des écoles et des cours d'adultes, par M. A. Guy. 1 vol. in-18, cart. . . . . . 75 c.

Ouvrage couronné par la Société protectrice des animaux.

Petite histoire de France, divisée en 23 leçons. Chaque leçon est précédée d'un résumé historique et suivie d'un questionnaire, par M. H. Pigeonneau, professeur d'histoire au lycée impérial Louis-le-Grand, et de géographie commerciale à l'École supérieure du commerce et à l'Association philotechnique, membre de la Société de géographie. 1 vol. in-18, cart. . . . . 75 c.

Histoire de France (Simples récits). Chaque récit est précédé d'un résumé historique, par le même. 1 vol. in-12, cart. . . . . 1 fr. 60 c.

Géographie de la France. Nouvelle édition, augmentée de notions de géographie agricole, industrielle, commerciale et administrative, par le même. 1 vol. in-12, cart.

Les Grandes Époques de l'Histoire ancienne, grecque, romaine et de l'histoire générale du moyen âge jusqu'en 1453; par M. H. Pigeonneau. Nouvelle édition, avec Résumés historiques. 1 vol. in-12, cart. . . . . . . 1 fr. 60 c.

Géographie des cinq parties du monde. — Étude détaillée de l'Europe, nouvelle édition; par le même. 1 vol. in-12, cart. . . . . 90 c.

Petite grammaire des écoles primaires, contenant plus de 1,000 exercices d'application, très simples et très faciles, suivis des règles; par M. A. Leclerc, professeur agrégé de l'Université, auteur de la méthode d'enseignement comparé des langues anciennes et modernes. 1 vol. in-12, cart. . . . . 60 c.

Le même, contenant les corrigés des exercices. 1 vol. in-12, cart.

Exercices supplémentaires à la Petite Grammaire des Écoles primaires. 1 vol. in-12, cart. 75 c.

Le même, contenant les corrigés des exercices supplémentaires. 1 vol. in-12, cart.

Traité d'analyse grammaticale et d'analyse logique, contenant de nombreux exercices, les règles de la construction et une liste des principaux gallicismes; par le même. 1 vol. in-12, cart. . . . . 90 c.

Exercices pratiques de style épistolaire, puisés dans les circonstances ordinaires de la vie (canevas et corrigés), précédés de conseils sur la manière d'écrire les lettres et suivis de formules d'actes usuels, à l'usage des écoles, des familles, et principalement des classes d'adultes; par M. A. Rossignon, instituteur. 1 vol. in-12, cart. . . . . 1 fr. 50 c.

Histoire sainte à l'usage de l'enfance, rédigée sur un plan méthodique, accompagnée de réflexions morales, suivie de la vie de N.-S. J.-C. et d'un Appendice sur l'histoire de l'Église jusqu'à la conversion de Constantin; par le même. Seconde édition. 1 vol. in-18, cart. . . . . 60 c.

Approuvée par S. E. Mgr le cardinal archevêque de Reims et par Mgr l'évêque de Châlons.

Histoire de France depuis l'invasion des Francs jusqu'en 1867, à l'usage de l'enfance, rédigée sur un plan méthodique; par le même. 1 vol. in-12, cart. 60 c.

Géographie moderne à l'usage de l'enfance, rédigée sur un plan méthodique; par le même. 1 vol. in-18, cart. . . . . 60 c.

Lectures, en prose et en vers, pour les élèves des classes primaires et de la classe préparatoire à l'enseignement secondaire spécial; par M. G. de Chaumont, maître suppléant au lycée de Mont-de-Marsan. 1 vol. in-18, cart. . . 1 fr. 60 c.

Lectures, morales, historiques et scientifiques, en prose et en vers, extraites des auteurs anciens et modernes et annotées par M. Caron, professeur agrégé de l'Université, à l'usage des élèves de l'année préparatoire à l'enseignement secondaire spécial. 1 vol. in-12, cart. . . . . 1 fr. 60 c.

Lectures, morales, historiques et scientifiques, en prose et en vers, extraites des auteurs anciens et modernes et annotées par M. Henry, professeur agrégé de l'Université, à l'usage des élèves de première année de l'enseignement secondaire spécial. 1 vol. in-12, cart. . . . . 1 fr. 60 c.

Lectures graduées et leçons pratiques de littérature et de style (Prose et Poésie), renfermant des modèles tirés des meilleurs auteurs, avec des appréciations, des notices biographiques et des définitions des divers genres de composition; par M. Ch. Leroy. Quatorzième édition. 1 fort vol. in-12, cart. . . 1 fr. 50 c.

Histoire de France abrégée, depuis les temps les plus anciens jusqu'à nos jours, à l'usage des élèves des classes élémentaires, des cours annexes des collèges et des écoles primaires; par M. Th. Bénard, officier d'académie, chef-adjoint du premier bureau de la division de l'instruction primaire au ministère de l'instruction publique. Sixième édition corrigée. 1 vol. in-18, cart. . . . . . . 75 c.

Ouvrage approuvé par les conseils d'académie d'Aix, Rennes.

Géographie moderne (petit traité de), à l'usage des écoles primaires; par le même. Quatrième édition. 1 vol. in-18, cart.

Cosmographie élémentaire (Nouveau traité de), à l'usage des classes de français dans les collèges, des institutions, des pensions de demoiselles, et des écoles primaires supérieures; par le même. Seconde édition refondue. In-18, cart. 60 c.

Nouveau manuel de civilité chrétienne, contenant un choix d'anecdotes historiques, pouvant servir d'exemples pour l'application des règles de la politesse; à l'usage des institutions, des écoles primaires et des classes d'adultes; par le même. Sixième édition corrigée. 1 vol. in-18, cart.

Petite civilité chrétienne, à l'usage des écoles primaires; par le même. Septième édition. In-18, cart.

Ouvrages approuvés par NN. SS. les Archevêques de Paris et de Sens.

Saint-Cloud. — Imprimerie de Mme Ve Belin.